原色
ランのウイルス病

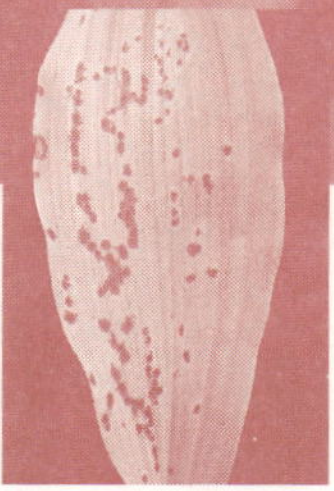

診断・検定・防除

井上成信 著

農文協

はじめに

わが国では古くから春蘭，寒ラン，報歳ラン，金稜辺など自生のシンビジウムおよびエビネランなどを庭あるいは鉢に植えて，その草姿と花の芳香を好んで観賞してきた。一方明治初年以降，熱帯に自生するカトレヤ系やシンビジウム，デンロビウムなど，多種属のランがわが国に導入されて栽培されるようになってきた。これらを分けて，日本や中国に自生しているシンビジウム属ランを東洋ランと呼び，後者を洋ランと呼んでいる。洋ランの花は独特の形態と豪華・艶麗，かつ色鮮やかで気品あふれる美しさがあり，これが他の追従を許さない魅力になって人々の心を引きつけ人気が高まってきた。現在では洋ランの栽培はむずかしいものではなく，誰でも容易にできるまでに栽培法が確立されている。加えてメリクロン苗育成技術の開発・進歩によって，同一優良種の大量生産も簡単にできるようになった。その結果ランの価格が誰にでも手が届くようになり，王侯や豪族の趣味の時代が終わって大衆の花として栽培されるようになってきたのである。今では，年々色鮮やかで華麗なランの鉢ものや切り花がぞくぞくとでまわるようになり，ランの愛好者もますます増えている。また，こうした需要に応えるために洋ランの生産も現在のように拡大したのである。

このように，ランの栽培が容易にできるようになったものの，いまだに大きく悩まされている未解決の問題にウイルス病の発生がある。ランがウイルス病に罹ると葉にモザイクやえそ斑を生じ，また花にも斑入りやえそ斑を生じて目的とする観賞効果を大きく落とす原因となる。しかも生育障害を起こして生産性が下がり大きな被害を受ける。さらに，いったんウイルス病に罹るとこれを防ぐ農薬がなく，治療することができないやっかいな病気でもある。病株を株分けしてもすべてが永代までウイル病であり続けるし，1株でも病株があるとそれが伝染源となってまたたく間に広がり，気が付いたときには蔓延していることがしばしばである。それ故にランの栽培者にとってウイルス病は大きな脅威となっている。ウイルス病が不治の病気であることから，これを防ぐことができないとあきらめる人も多い。だが，ウイルス病は防除できるし，ウイルス病のない健全なランを栽培することができるのである。

ランの栽培者から，ウイルス病の防除法を知りたいといろんな本を開いてみても概要程度で完全に理解するには不十分なので，もう少し詳しい本がほしいとの要望がたびたび筆者に寄せられている。本書はそれらの願いに応えるために，またウイルス病のない健全なランを栽培していただくために，診断や検定方法，ウイルスの種類や性状，さらに伝染の仕方や防除方法についての基礎を，著者の長年にわたる研究と経験を生かし一冊の本にまとめたものである。

本書の特徴として，ランの生産者および愛好家にも診断がただちに役立つように，口絵にカラーによる病徴写真を多数掲載している。そして，現在世界でランに発生が知られているウイルスの種類と性状についてはできるだけ記述するように努めた。また病株からウイルスの単離の仕方，ウイルス固有の病原性を調べるための適性な検定苗の育て方や大きさ，および確実な接種法についての初歩的な内容についても記述してある。ただし，ランの栽培者に役立つ内容を中心にまとめたので，ウイルスの遺伝子レベルの事項についての記述は最小限にとどめた。

本書がランの生産者および趣味で栽培されている愛好家，さらにウイルスの研究や診断・同定を行なおうとする学生や研究者，農業技術指導員など多くの方々に役立てていただければ幸いである。

なを，本書の出版を快く引き受けていただいた農山漁村文化協会に深く謝意を表する。

2001年１月

井上　成信

目　次

第3章　ウイルスの伝染と防除方法

第4章　ランのウイルス病の基礎知識

シンビジウムモザイクウイルス(CymMV)による病徴

✤シンビジウムの病徴（本文57ページ）

1　新葉に生じた薄い退緑モザイク斑

はじめやや長方形の薄い退緑斑を生じ，しだいに明瞭になってくる

2　退緑色の明瞭なモザイク斑

3　葉全体に広がったえそ斑紋(葉表)

葉裏に生じたえそ斑はしだいに葉表の退緑部に広がり，えそ斑と退緑斑とのモザイクになる

4　新葉に生じた薄い退緑モザイク斑と葉先から始まるえそ斑

5　4と同株で，古い葉の表面に現われたえそモザイク斑

6　5の裏面

✤ シンビジウムの病徴（本文57ページ）

7　葉の表面に生じた大小の退緑斑とえそ斑点

8　7の裏面

9　葉脈に沿って生じた極細い退緑斑とえそ斑

✤ 東洋ラン・シンビジウムの病徴（本文58ページ）

10

11

葉に明瞭な退緑色のモザイクが生じるケイラン（10）と瑞宝（11）

12　台湾報才ランの退緑斑とえそ斑点

✤ カトレヤ系の病徴（本文59ページ）

13　若い葉の葉肉部のえそ条斑

新葉の表裏とも淡褐色のえそ斑点あるいはえそ条斑を生ずる。はじめ葉肉部に生じ，進展すると葉肉に沿って幅２～３㎜の細長いえそ条斑になる

14　13の裏面

15　成熟葉の表に現われたえそ条斑

症状がすすむと葉の表面がすじ状にでこぼことなり，褐色～黒褐色のえそ条斑になる

16　15の裏面

褐色のえそ斑が葉脈に沿ってしだいに融合して長いえそ条斑になる

17　品種セミアルバの葉の表に生じたえそ条斑

18　17の裏面

✤ カトレヤ系の病徴（本文59ページ）

19　レリオカトレヤの淡褐色斑

葉に淡い退緑斑や葉脈に沿った長い退緑条斑を現わす

20　カトレヤのモットル斑

幅広く，また長い退緑斑が現われた

21　カトレヤの葉先に現われたえそ斑

成熟した葉では斑点が融合して大型や長形，濃褐色で表皮がでこぼこになる

22　21の裏面のえそ輪紋

裏面には１～２㎜大や２～３重のえそ輪紋模様ができる

23　カトレヤの葉の裏面のえそ輪紋

えそ輪紋を取り囲んで，葉のほぼ全面に不規則に変化しながら長く延びたえそ条斑

24　幾重にも重なる不定形のえそ輪紋

✤ カトレヤ系の病徴（本文60ページ）

25～28 淡褐色または黒褐色のえそ斑を生じ，表皮がでこぼこになる

25 レリオカトレヤの汚染状えそ斑

26 25の裏面

29 ブラッソレリオカトレヤの葉の裏面に生じた赤紫色斑紋

27 ジョージバルドインの葉のえそ斑

28 葉にでこぼこを生じたえそ斑

30 ポティナラの激しいえそ斑

✤ カトレヤ系の花のえそ病（本文60ページ）

31～34　ブラッソカトレヤ・オルナの花のえそ斑（同一花で病斑の広がり）

31　開花直後：症状なし

32　開花４～５日後：淡褐色の不定形えそ斑が出始める

33　開花１週間後

34　開花２週間後：激しいえそ斑

開花10日後ごろになると，花全体に黒褐色の多くのえそ斑が現われ，色彩が悪く乾いた状態になる

35　黄色花種のえそ斑

36　新鞘および葉のえそ斑

時には激しい黒褐色のえそ斑を生ずる

✤ デンドロビウムの病徴（本文61ページ）

37 若い葉のモザイク斑

葉脈間に淡緑色斑を生じモザイクになる

38 明瞭なすじ状のモザイク斑

退緑部と緑色部が葉脈に沿って交互に現われた縞模様のモザイク斑

39 輪紋状のモザイク斑

古い葉に生じた濃緑色を囲む不定形の輪紋状の退緑斑

40 細葉系の葉のモザイク斑

融合して長い退緑条斑になるものもある

41 メルリンの古い葉の灰褐色のえそ斑

42 セッコク・えそモザイク斑

明瞭な退緑斑点～黄色斑点からなるモザイクを生ずる

✤ファレノプシスの病徴（本文61ページ）

43 モットル・モザイク症状
若い葉に生じた退緑のモザイク斑

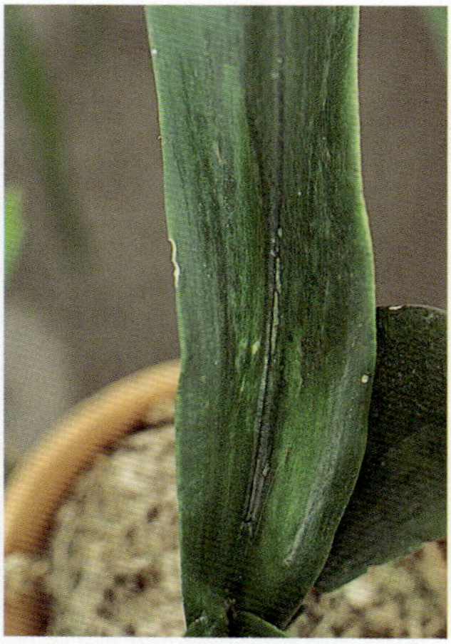

44 表面がくぼんだすじ状のえそ条斑

45 ギゲンティ レッドの灰白色斑
えそ斑は融合して連結し，表皮がへこんだ不規則な形の長いえそ条斑が幾条にも現われた

46 軽いモザイクとえそ斑

47 CymMVを接種した葉に現われた退緑斑点

48 CymMVを接種した葉のえそをともなったモザイク斑

✤ エビネ属のモザイク症状（本文62ページ）

49 エビネの葉のモザイク斑

50 ツルランの葉のモザイク斑

種や交配種でちがうが，一般に明瞭なモザイク斑を生ずる

51 キリシマエビネ×タカネの葉のモザイク斑

症状がすすむと葉脈に沿って融合しながら長い退緑条斑を生ずる

✤ リカテスの病徴（本文62ページ）

52 葉の淡いモザイク斑

やや薄く際だたない条斑状に現われた退緑斑

53 葉のえそ斑点

えそ斑点として現われる場合もある

54 花のえそ斑

花全体に明瞭なえそ斑を生ずる

✤ バンダの葉の病徴（本文63ページ）

55　葉の退緑斑点
特に葉の裏面に明瞭に現われる

56　葉の赤紫色をまじえた黄色の明瞭なモザイク斑
斑紋の一部や周りが赤色化するものも多くなる

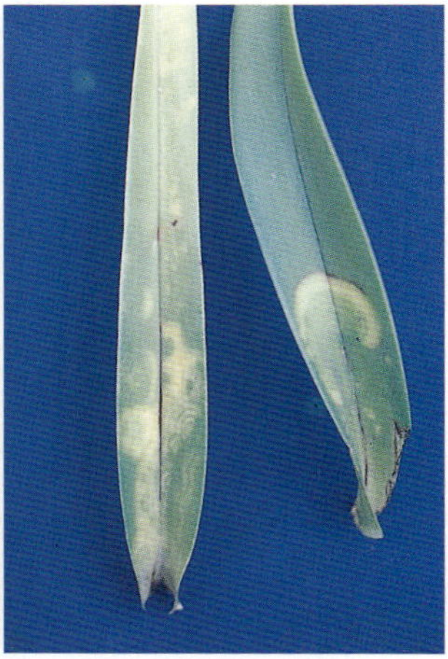

57　葉の円形または輪状の淡黄色の斑紋
品種によってはこうした斑紋を生ずるものもある

58　葉のえそ斑点
黒褐色の斑点および葉脈が黒褐色条斑になっている

59　棒状バンダの葉の赤紫色のモザイク斑（本文63ページ）

60　オンシジウムの葉のモザイク斑（本文63ページ）
古くなった葉では小さい退緑斑が現われ，一部には中心がえ死して灰色の斑点を現わす

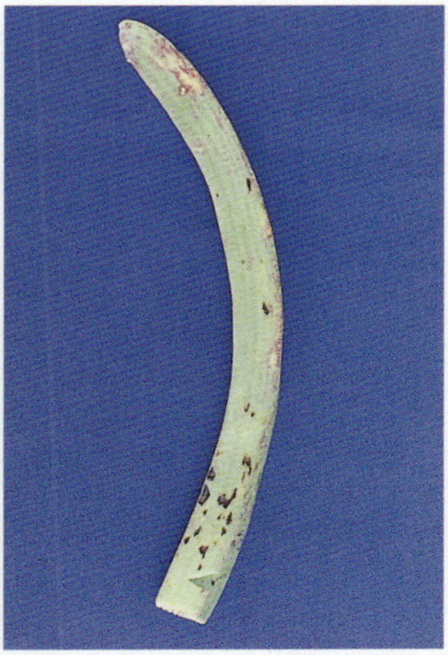

ドリテノプシスの葉のモザイク斑（61～62）（本文63ページ）
不定形の退緑斑を生ずる。淡褐色にえそ化するものもある

63　リンコスティリスの葉のえそ斑点（本文63ページ）
黒色の斑点を生じ，その部分の表皮がへこむ

✤ エピデンドラムの病徴（本文64ページ）

64　エピデンドラムの葉裏面に生じた多数のえそ斑点

65　エピデンドラムの葉の裏面にえそ斑点が連なってできたえそ条斑

66　65の葉の表面；裏側のえそ斑が透けて見える

67　グラマトフィラムの葉のモザイク斑（本文64ページ）
長形の退緑斑ができ明瞭なモザイク斑になっている

68　オドンティオダの葉の小えそをともなったモザイク斑（本文64ページ）

69〜72　アランセラの葉の小えそ斑点をともなったモザイク斑（本文64ページ）
長めの退緑斑から黄色斑ができ，退緑部が褐色にえそ化するものもある

69

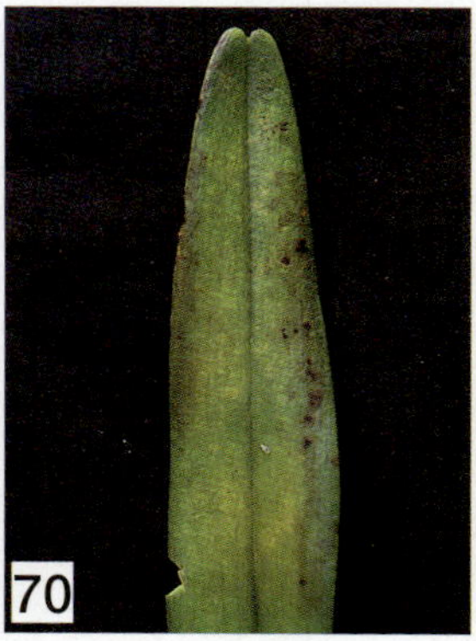

70

71

72

葉裏(左)には退緑斑を生ずるとともにへこみも生じた

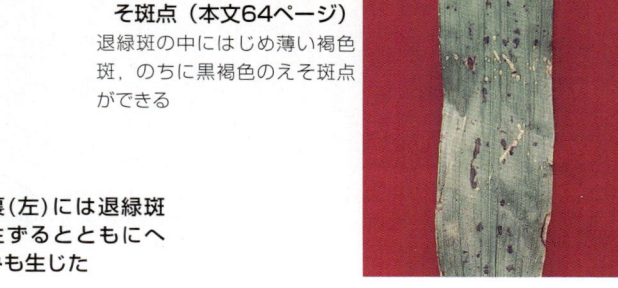

73　ペリステリアの葉のえそ斑点（本文64ページ）
退緑斑の中にはじめ薄い褐色斑，のちに黒褐色のえそ斑点ができる

オドントグロッサムリングスポットウイルス（ORSV）による病徴

74　オドントグロッサムの葉のモザイク斑（本文65ページ）
ORSVをオドントグロッサムに接種してできた明瞭なモザイク斑

✤ シンビジウムの病徴（本文66ページ）

75　明瞭な退緑モザイク斑
ウイルスが知られていない時代は，モザイク斑が金を散りばめたように見えるので“金砂”と呼び，東洋ラン・シンビジウムの変種として貴重にされた

76　ごく薄くて目だたない退緑モザイク斑
葉が古くなるとモザイク斑が薄く不鮮明になり目だたなくなる

77　クサビ形の退緑斑（ダイヤモンド・モットル）
品種によってはクサビ形の退緑斑を現わす。アメリカではダイヤモンド・モットル病と呼んでいる

78　尖った山脈状の退緑斑およびえそ斑

79　山脈状に現われた赤紫色の斑紋
山脈の部分が黒褐色や赤紫色になるものもある

✤ シンビジウムの病徴（本文67ページ）

花の斑入り（カラーブレーキング）：花弁に明瞭に現われた斑入り（80,81），花弁の退色部が淡緑色になるものもある（80）

82 アキバ種の新芽の若葉に現われた退緑斑

83 根に接種したアキバ種の葉の退緑斑（上部と下部は無病徴）

若い葉に退緑斑ができるが，葉が伸長すると下部が緑色に回復することがある

84 根に接種したケニーワインカラー種の新葉のモザイク斑

新しく発生するシュートの若葉には，はじめ拡大性の明瞭な長い退緑斑やモザイクを生ずる

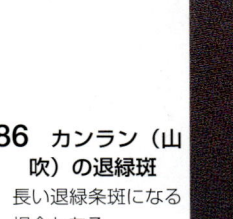

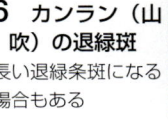

85 根に汁液接種したケニーピンク種のえそモザイク斑

品種によっては退緑斑内にえそ斑を生ずる

86 カンラン（山吹）の退緑斑

長い退緑条斑になる場合もある

✤ 東洋ラン・シンビジウムの病徴（本文67ページ）

（本文67ページ）

“金砂”と呼ばれた東洋ラン系に現われるモザイク斑

87　ケイランの葉のモザイク斑

88　ケイランの花の斑入り

89　‘大勲’のモザイク斑

90　‘蓬莱の花’の葉のモザイク斑

91　‘瑞宝’のモザイク斑

92　‘桑原晃’のモザイク斑

93　‘桃姫’のモザイク斑

✤ カトレヤの花の病徴（本文68ページ）

花の斑入り：花に斑入り(カラーブレーキング)を生ずるのが特徴で，これでORSVの感染が診断できる

普通は花の色がまだらに抜ける明瞭な斑入りになる（94～95）

96　汁液接種した株の病斑(左は健全)
花の色がぬけて斑入りを生じ小さくなる

97　色が増した斑入り
品種により増色性の斑入りもある

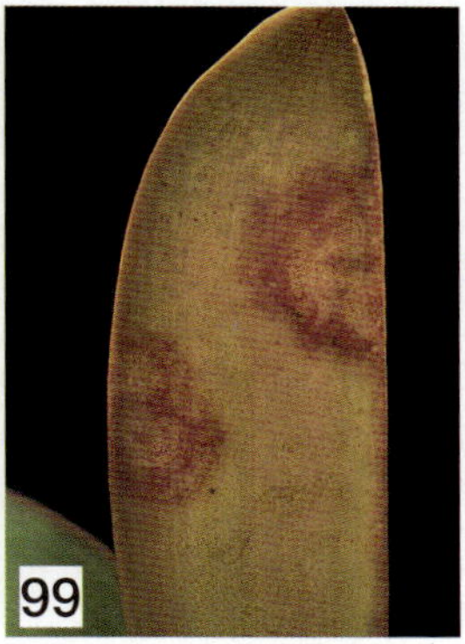

98　蕾に生じた斑入り
蕾のときにがく弁や花軸に明瞭な斑入りが現われる

99　シース(花鞘)の赤紫色の輪紋
蕾を包むシースに赤紫色の輪紋がでる品種もある

✤ カトレヤ系の病徴（本文68ページ）

100　カトレヤの葉と花茎の赤紫色モザイク斑

101　カトレヤの軽く目だたない退緑斑
花に斑入りが現われても葉に症状がほとんど見られないこともある

102～105　葉に現われる場合は，境界が不明瞭に軟らかい感じのモットル斑や，赤褐色またはアズキ色の斑紋を生ずる

102　カトレヤ系の葉に現われたモットル斑

103　カトレヤ系のごく淡い退緑斑点と淡い赤紫色斑

104　カトレヤ系・葉の全面に生じた赤紫色斑

105　ブラッソレリオカトレヤの赤紫色の小さな汚染状斑点

ORSV＝カトレア系・エピデンドラム・エビネ属

✤ カトレア系の病徴（本文69ページ）

106〜107 楕円形または紡錘形の大きな輪紋になるものや，葉を横に縁から縁まで山の稜線状に現われるものもある

赤紫色の輪紋（裏面）（106），山形状の赤紫色の斑紋 （107）

108 ごく淡い退緑斑

✤ エピデンドラム・エビネ属の病徴（本文69ページ）

109 エピデンドラムの葉に現われた細い赤紫色の輪紋

エビネ属の葉に現われた退緑斑（110〜111）

斑紋が縦横に融合した大きめの退緑斑（110），葉に生じた大小の小さな退緑斑（111）

✤ ポティナラ・リカステの病徴（本文70ページ）

112 ポティナラの淡いモザイク斑

リカステの葉に生じた小さな退緑斑からなるモザイク（113～114）

115 ジゴペタラムの退緑斑とえそ斑（本文70ページ）

モザイク斑紋の中に生じた汚染のように見える小さなえそ斑点

116 ブラッシジウムの赤紫斑（本文70ページ）

幅広く現われた明瞭な赤紫色の斑紋

CymMVとORSVの混合感染による病徴

✤ シンビジウムの病徴（本文71ページ）

117　融合して連なった不規則な長い退緑斑

118　退緑斑がえそ化して生じた褐色〜黒色の不規則な長いえそ斑

✤ エビネ属の病徴（本文72ページ）

122　白鶴蘭に生じた明瞭なモザイク斑

123　タカネの葉に生じた淡いモザイク斑（CMVとPotyvirus）

✤ ソフロレリオカトレヤの病徴（本文71ページ）

119　葉に生じた周りがぼんやりする退緑斑

120　*Slc.Jwell Mountain* のごく淡い赤紫色斑

目だたないほど小さくごく淡い赤紫色斑を少数生じる品種もある

121　カトレヤの新茎葉に生じた赤紫色の斑紋（本文72ページ）

✤ ファレノプシスの病徴（本文72ページ）

124 葉に生じた退緑斑

125 退緑斑の中心がえ死化して現われた灰白色のえそモザイク斑

126 周りが黄緑化した輪紋状の赤褐色斑が多数生じている

127 リカステの細長い退緑斑（本文73ページ）

このあと細長い灰褐色のえそ斑を現わす

128 エピデンドラムの葉脈に沿って生じた細長い灰褐色のえそ斑（本文73ページ）

129 バンダの目だたないごく淡い退緑斑（CymMV＋未同定Potyvirus）（本文73ページ）

小さなえそ斑点も見える

キュウリモザイクウイルス（CMV）による病徴

✤ デンドロビウムの病徴（本文73ページ）

130　葉に生じた不連続の薄い大きな退緑輪紋

131　1葉に横切る退緑斑(矢印)
このあと病斑の境界はだんだん薄くなってぼんやりした

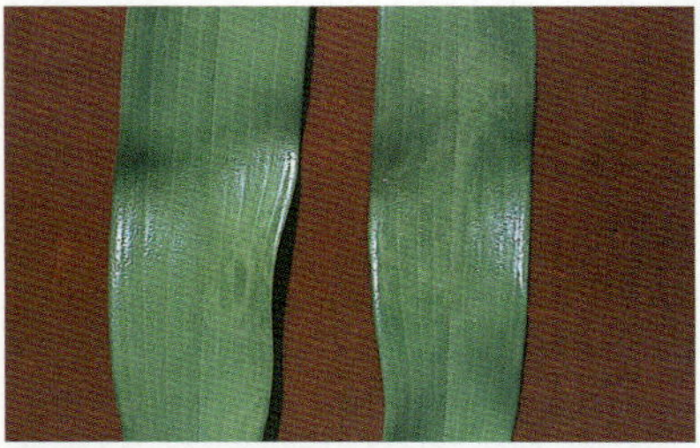

132　淡い退緑輪紋
2～3重になるものもある

133　若い葉に生じた淡いモザイク斑
はじめは1mm大の退緑斑であったが，のちに拡大して円状または長形の薄いモザイクとなった

134　葉を横切って現われた退緑斑とえそ斑点
下部の葉に生じた病斑。その下にえそ斑を生じている

135　重複する淡褐色のえそ輪紋を生じる株もある

✤ デンドロビウムの花の病徴（本文73，74ページ）

136～137　花の斑入り

136
赤またはピンク系の花に現われた明瞭な斑入り

137

138～139　バルブの上位の花が小さい

138
バルブの上半分の花が３分の１程度の大きさになるものもある

139

✤ エビネ属の病徴（本文74ページ）

140　葉に生じた退緑斑がしだいに拡大して，大きな細長い斑紋症状になっている

141　退緑斑が融合して生じた広い退緑斑。多数のえそ斑点や細長い葉脈えそを生じている

142　エビネの花に生じた斑入り（本文74ページ）

143　ミルトニアの大きな楕円形退緑斑とえそ斑（本文75ページ）
中央部からえ死して褐色斑を生ずる

ランえそ斑紋ウイルス（OFV）による病徴

✤シンビジウムの病徴（本文75ページ）

144〜146　葉脈間に多数生じた長形の退緑斑およびえそを生ずるのが特徴。しだいに黄色となり，さらに褐色〜黒褐色のややくぼんだえそ斑になる

144

145

146

✤ エビネ属の病徴（本文76ページ）

147～150　いろいろなタイプの退緑斑。葉脈は緑に残る

147　初期の病徴（キネビネ×コオズ）

葉脈間に生じた幅約１mm，長さ１～７mm大の退緑斑

‘桔梗’の姫の退緑斑（148～149）

退緑斑が拡大して生じた大きな不定形退緑斑

150　ツルランの不定形退緑斑

151　退緑斑紋内に細く緑色に残った葉脈(サツマ系力王)

斑紋全体がネット状に残るのが特徴

152　庭に生えたエビネの自然感染による病斑（本文76ページ）

✤ フォーミディブルの病斑（本文77ページ）

153　円形の大小の黄色退緑斑紋

退緑斑の中心に残った薄い緑色斑や葉脈が緑色を残しネット状に見えるものもある

退緑斑の外側に黄色輪紋を生じるものもある（154～155）

✤ オンシジウムの病斑（本文77ページ）

緑黄色斑点とえそ斑点からモザイク斑（156～157）

葉に円形または長形の緑黄色の斑点とえそ斑点からなるモザイクを生ずる

158　退緑斑がしだいに黄褐色や赤褐色にえそ化するものもある

✤ オンシジウムの病徴（本文77ページ）

159　不明瞭なえそ斑点を生じ退緑したスポットになる（葉表）

160　葉裏にも黒褐色の斑点を生ずるものもある

161　緑斑がしだいに黄褐色や赤褐色にえそ化するものもある

162　アシネタのえそモザイク斑（本文77ページ）

葉脈に沿って伸びる長形のえそ化した退緑斑の中にえそ斑点を形成している

163　パフィオペディラムのえそモザイク斑（本文77ページ）

淡褐色から黒褐色にすすむ斑点からなる

デンドロビウムモザイクウイルス（DeMV）による病徴

✤ デンドロビウムの病徴（本文77ページ）

164　濃淡の明瞭なモザイク斑

葉の緑が濃く退緑部との境がはっきりしたモザイク斑が特徴

165　葉全面に広がった退緑斑内に，小さな緑色斑点や細長い緑色輪紋を残している

166　長いものや，幾重にもなって退緑斑に残る緑色の輪紋

167　接種した株の上葉に生じた拡大性の退色斑

168　フォーミディブルの葉の退緑斑に緑色が残る明瞭なモザイク斑（本文78ページ）

クローバ葉脈黄化ウイルス（ClYVV）による病徴

✤エビネの病徴（本文78ページ）

169 退緑斑や退緑条からなるモザイク斑を生ずる

170 葉脈のえそ斑

品種によっては細長い葉脈えそ条斑，それが融合した大きいえそ条斑になる

171 黄化した葉に緑色輪紋が残る場合もある

172 葉に生じた長形の退緑輪紋

キエビの花に生じた激しいえそ斑点とクサビ型えそ斑（173～174）

葉にもえそ斑点が生じている（174）

インゲンマメ黄斑モザイクウイルス（BYMV）による病徴

175 エビネのごく軽くて目だたないモザイク斑（本文79ページ）

葉に現われた軽い退緑色の斑紋

カブモザイクウイルス（TuMV）による病徴

✤ エビネの病徴（本文79ページ）

176〜177 葉の退緑条斑

葉脈に沿って長い不定形の条斑が現われる

178 花の斑入り

サギソウモザイクウイルス（HaMV）による病徴

179〜180 サギソウのモザイク斑（本文79ページ）

下葉には明瞭なモザイクが生じ，葉はやや細くよじれを起こして生育が悪くなる（179）

葉に退緑斑とともに針点状の黒点や長形のえそ斑点を生じ，葉がやや萎縮する（180）

シュンラン退緑斑ウイルス（CymCMV）による病徴

✤ シュンランの病徴（本文80ページ）

181　発育不良をおこし，花つきが悪くなる（右の花着生株は健全）

182　シュートの新葉に生じた退緑斑

明瞭な退緑斑が現われる

183　シンビジウムにCymCMVを汁液接種した退緑斑（本文80ページ）

円形または紡錘形の明瞭な退緑斑を生じ，しだいに拡大して長大になる

コルマナラモザイクウイルス(ColMV)による病徴

✤ コルマナラの病徴（本文80ページ）

184

185

186

184　若い葉に生じた明瞭なモザイク斑

185　葉が古くなってくると大小不ぞろいのえそ斑点や長形のえそ斑をつくる

186　花茎のえそ斑

トマト黄化えそウイルス（TSWV）による病徴

187～188 ファレノプシスの退緑輪紋およびえそ輪紋（本文81ページ）

カボチャモザイクウイルス（WMV-2）による病徴

189～190 サギソウに現われたモザイク斑（189の右は健全）（Dr.ガラ氏提供）（本文82ページ）

ポティウイルス（未同定）による病徴

191～192 ウチョウランに現われたモザイク斑（本文83ページ）

ウイルス病とまぎらわしいさまざまな病徴（本文83ページ）

193〜194　カトレヤの炭疽病（葉の表，裏）

葉先または葉縁に拡大性の褐色斑を生ずる。のち病斑上には黒色小粒点（分生子盤）を輪状に形成する

195　ファレノプシスの灰色かび病

花に小さなえそ斑点を生ずる

196　バンダの灰色かび病

湿度が高いとき，水浸状の褐色斑を生じ，病斑上に淡褐色の菌糸と分生子塊が見られる

197〜198　シンビジウムのえそ輪紋

広がりのある黒褐色の輪紋を生ずるが，モザイクは見られない

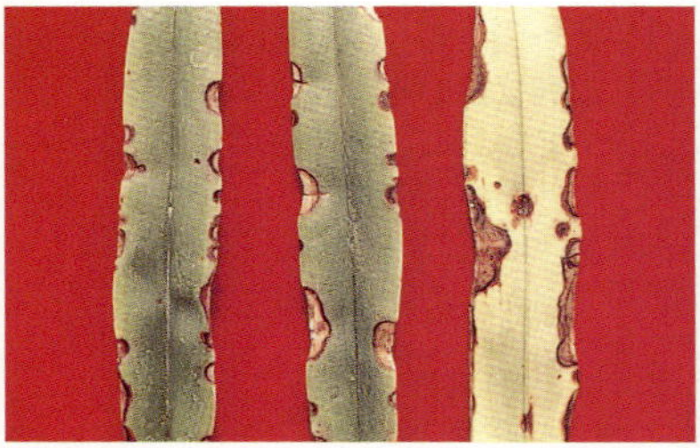

199　パフィオペディラムの褐斑病
葉縁に褐色斑を生ずるが，ウイルス病のような退緑斑は現われない

200　デンドロビウムの斑点病
葉に黒色のえそ斑点を生ずる

201

202

201　デンドロビウムの生理的障害
モザイク斑とは異なる退緑斑。要素欠乏症？

202　パフィオペディラムの細菌性腐敗病
葉の基部に始まる腐敗状の褐色斑。写真は乾燥状態

203

204

203　エビネ類交配種のえそ輪紋病
えそ斑点が紡錘状に集合，しかも幾重にも形成

204　ヒゼンの細菌病
水浸状に広がりのある褐色斑ができる

205　デンドロビウムの褐斑
葉先が枯れ，その境界に褐色斑ができる

206　オンシジウムのえそ輪紋病
モザイクがなく，広がりのあるえそ輪紋ができる

207　カトレヤの腐敗病
バルブの基部から黒褐色に腐敗する

208　ブラッソレリオカトレヤの軟腐病
はじめ水浸状に褐色から黒褐色に腐敗してくる

209　パフィオペディラムの葉焼け症状
直射光線が強くあたったり，高温のとき褐色斑を生じ，のちえ死を起こす

210　シンビジウムのカイガラムシの着生あと
退色斑として残り，ウイルス病斑と間違いやすい

検定植物への接種による診断

✤ 検定植物と検定しやすい苗の大きさ（本文88ページ）

211　アマランティカラー（3月まきで40日）
草丈10～15cm，大きくても20cm程度，葉が展開した直後ころのものがよい

212　センニチコウ
5～10cmのもので，4～5葉に接種

213　ツルナ
草丈が5～7cmくらいの大きさで葉が十分展開したころ

214　グルチノザ
本葉が6～8枚目程度の大きさの葉で十分展開したころ

215　ソラマメ
本葉が2枚程度展開した大きさ

217　接種植物の管理（試料間に間仕切りを置く）

216　汁液接種の方法（本文91ページ）
ランの葉片をすりつぶした汁液に，カーボランダムを少量加えてよく混ぜ，綿球を浸して検定植物の葉に擦りつける

汁液接種葉に現われる病徴

✤シンビジウムモザイクウイルス（CymMV）による病徴（本文99，100ページ）

218

219

220

アマランチカラーの病斑（218～220）

下位の接種葉では黄化すると緑色斑点として残る（218）
はじめは退緑斑点，のち中心灰白色斑点（219）
日数がたつと周りが赤くなる（220）

221　カシアオキシデンタリスのえそ斑点

接種葉に黒色のえそ斑点を生ずる

222　チョウセンアサガオのえそ斑点

接種葉に1mm弱大のえそ斑点を生ずる。黄化した葉では緑色の斑点として残る

223　センニチコウのえそ斑点

接種葉に褐色のえそ斑点を生ずる。のち，まん中が灰褐色のえそ斑点となる

224 CymMVによるツルナの退緑斑点

接種葉に1mm大の退緑斑点を生ずる

✤ オドントグロッサムリングスポットウイルス（ORSV）による病徴（本文100ページ）

225 ツルナのえそ輪点

1mm大の明瞭な灰白色の輪点を生ずる

226 アマランティカラーのえそ斑点

灰白色の小さなえそ斑点またはえそ輪点を生ずる

227 キノアのえそ斑点

灰白色のえそ斑点やえそ輪点を生ずる

228 チョウセンアサガオのえそ斑点

1～3mmの大小の緑褐色から淡褐色になる斑点を生ずる。数は非常に少ない

✤ キュウリモザイクウイルス（CMV）による病徴

（本文101ページ）

229 ソラマメのえそ斑点

黒色のえそ斑点またはえそ輪点を生ずる

✤ ランえそ斑紋ウイルス（OFV）による病徴（本文102ページ）

230　ツルナの退緑斑点
低温期には病斑形成までの日数（11～18日）が長くかかる

231　ササゲのえそ斑点
接種葉に不定形のえそ斑点またはえそ輪点を生じ，上位葉にもえそを生じて発育不良となる

232　フダンソウの退緑斑点
1mm大の退緑斑点を生じ，のち黄色斑点になる。中心はえそ化する

233　キノアの葉の退緑斑
はじめ0.5～0.7mmの薄い退緑斑を生じ，後に拡大しながら淡褐色～褐色の斑点になる。全身感染し，退緑斑点および葉脈透化を生じて萎縮する（写真）

✤ デンドロビウムモザイクウイルス（DeMV）による病徴（本文102ページ）

234　ムラーレの退緑斑点
接種葉に2～3mm大の淡い退緑斑点を生ずる

✤ クローバ葉脈黄化ウイルス（ClYVV）による病徴（本文104ページ）

235　キノアの全身病徴
上葉に退緑斑点を生ずるが，中心が淡褐色の斑点となる。接種葉には灰白色の斑点を生ずる

血清反応法を用いたウイルスの診断

236　微滴法による血清反応の微凝集（本文119ページ）

抗血清の小滴に検査葉汁をたらして混ぜると，ウイルスが存在すれば写真のような凝集反応が起こる

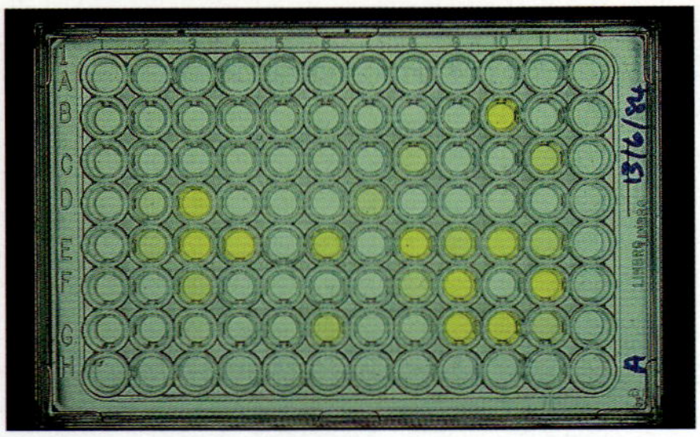

237　酵素結合抗体法(エライザ法)による血清反応（本文124ページ）

黄色に反応したのがウイルスに感染した検定株の試料

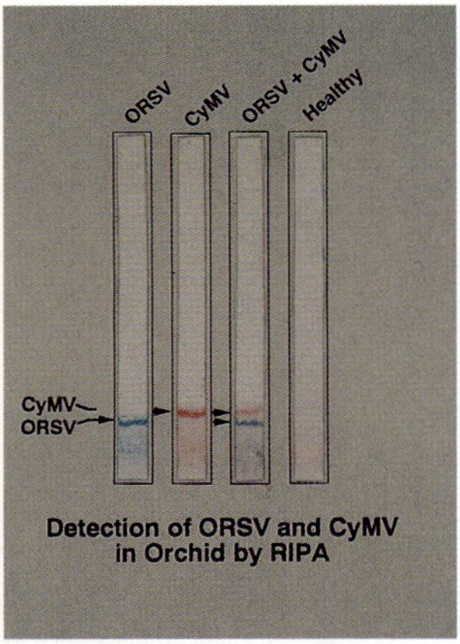

238　迅速免疫ろ紙検定法（写真　Dr. ガラ氏提供）**（本文124ページ）**

着色反応したバンド。この試験では，ピンク色ならCymMV，青色ならORSVに感染と判定。着色がなければ両ウイルスに感染していない

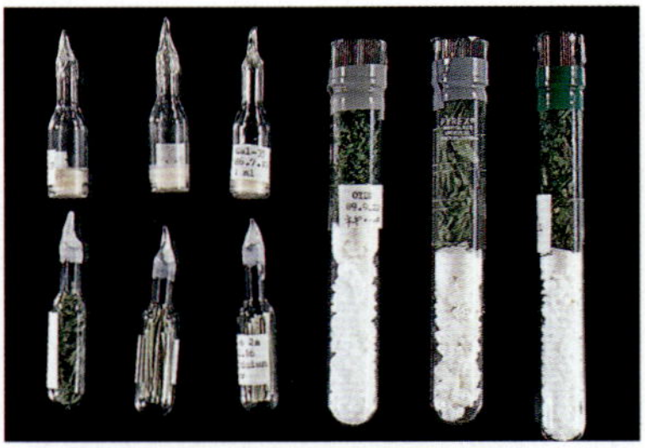

239　ウイルス標本および抗血清の保存

アンプル：凍結真空乾燥（左上：抗血清，左下：病葉）

試験管：塩化カルシウムで乾燥（4℃で保存）

小分けして用いることができる

240　オンシツヒメハダニ（光畑興二氏提供）**（本文129ページ）**

アブラムシによって伝搬されるウイルスは多いが，ランえそ斑紋ウイルス（OFV）は唯一オンシツヒメハダニによって伝搬される

第1章

病徴による診断

病徴診断の意味とポイント

(1) 防除は診断から

ウイルス病であるか否かを判定することは，病株を見つけだし，伝染源を取り除くための，すなわちウイルス病防除の第一歩である。その診断では，葉や花にどんな症状が現われたときウイルス病であるのかをまず知る必要がある。しかし，ランには細菌やカビの感染による病気があり，また気温，灌水過多，肥料の過不足，太陽光線による日焼けなどによる生理障害，さらに害虫の食害によってもウイルス病と類似の症状を起こすことがあるので，これらの症状とウイルス病との違いについても判断しなければならない。

ウイルス病以外の病気や害虫は，農薬の散布によって防除できるし，また生理障害は栽培管理の改善よって防ぐことができる。しかし，ウイルス病は薬剤によって治療することができない。自分の栽培ランのなかに1株でもウイルス病株があるとそれが伝染源となってまたたく間に病気が広がってしまう。したがって，ウイルス病を完全に防除するためには栽培するランのなかにウイルス病株が全くないようにすることである。

そこで，ウイルス病であるか否かの診断が要求される。この場合，ランの栽培者にとってはウイルスの種類を判別することよりも，ウイルス病にかかっているかどうかを知り，その株を捨てなければならないかどうかを判断することが重要となってくる。そのうえでさらにウイルスの種類をもわかれば，その防除の対策がなおいっそう完全に立てられるであろう。

この章では，栽培者自身でもできる最も有効で実用的なウイルス病の診断方法，すなわち病徴診断を取り上げ，第2章で検定植物に対する接種試験法，さらに電子顕微鏡によるウイルス粒子の観察ならびに血清反応など診断の指針となるべきことについて紹介する。

(2) 病徴診断の注意点

植物がウイルス病にかかっていることを知るには，最初病原ウイルスそのものを見ることではなく，葉や花に現われる病徴を見ることからはじまる。ランにもウイルスの感染によってさまざまな病徴が現われる。その現われ方は，環境などにより，また葉や花など部位によっても変化するが，ウイルスの種類と宿主との組み合わせによって一様ではなく，著しく変化するものである。

なぜ，ランの種類や品種によって病徴が著しく変わるかについてはわかっていない。そのような病徴も，わずかに見分けられるほどのごく軽いものから明瞭なモザイク斑紋あるいは激しいえそ斑を生ずるものまでさまざまに現われる。とくに洋ランの栽培種では交配がくり返された雑種が多く存在することから，同じウイルスでもランの属のみならず種類や品種によっても病徴が著しく変化する。したがって，どのようなウイルスがどのランに特有の症状を現わすかを予測することは非常に難しい。しかし，特徴のある症状を現わすウイルスもしばしばあるので，病徴の現われ方によってウイルスの種類を判別できるものもある。

ウイルス病で一般的にわかりやすい症状は，はじめ若い葉に退緑斑がみずみずしい感じに現われ，葉の生長とともに拡大しながら濃淡斑となり，または淡緑色から緑黄色に進むモザイク斑紋を生ずることである。退緑斑がみずみずしいと感じるのは，現われはじめの退緑斑が最初葉肉部に生じ，この斑紋が表皮を透かして見えるからである。

また，新しいシュートの伸びはじめた葉に新鮮さを感じる退緑斑が現われるとウイルス病であることが多い。このような観察はウイルス病であるか，ほかの障害によるものであるかの判別の診断におおいに役だつ。一般に，退緑斑はモザイク斑のままの状態のものと，日数の経過とともに退緑部位がえ死して黒褐色のえそ斑紋となるものとがある。このような経過と異なる病徴の現われ方としては，例えばえそ斑紋ウイルス（OFV）がある。OFVがシンビジウムに感染するとはじめ若い葉に短冊形の退緑斑を生じ，のちしだいにえそ化してくるが，エビネでは若い葉には病斑が現われないで，葉の成熟とともに退緑斑が見えるようになり，のち激しくなるが，葉が古くなるほど明瞭な黄緑斑紋となり，またえそ化してくる特徴がある。シンビジウムおよびエビネにおけるこのような特徴のある病斑は，容易にOFVであるとの診断ができる（口絵144〜152参照）。

さらに，モザイク斑紋といっても一つ一つの退緑斑紋の形が同一でないのがウイルス病で，細菌やカビなどによる病斑のように一定の形に現われやすいものと区別できる。また，細菌による病気は部位が水浸状に拡大してくる。このような特徴を知っておくとウイルス病かそうでないかを判断する場合の基準になる。ウイルス病とその他に原因する症状との判別は経験的に判断しなくてはならないし，また慣れればある程度できるものもある。

ウイルス病の病徴の名称

個々のウイルスが引き起こす症状にはいろいろあり，感染のし方，葉・花などの部位により病徴の現われ方は異なる。感染のし方と症状の現われ方による名称は次のようである。

全身感染（systemic infection）：ウイルスが感染し，増殖または移行しながら植物の全身に広がり発病する。

局部感染（local lesion）：ウイルスを接種したとき，ウイルスが接種葉の感染した限られた狭い部位に増殖するが，広がらない。したがって病斑は退色斑点，退色輪点，灰白色または黒褐色のえそ斑点，えそ輪点などの斑点として現われる。

重複（混合）感染（double infection）：２種以上のウイルスが混合して感染する。

病徴による診断に先だち，ラン・ウイルス病の病徴の現われ方を理解するため，葉・花に発生する病斑型について次に説明しておく。

(1) 葉に現われる症状

モザイク・モットル（mosaic, mottle=mottling）：葉に普通の緑色部と退緑斑が入り混じって濃淡斑を現わす症状をモザイクという（口絵2，75，164）。ウイルス病の代表的な症状である。退緑斑の周りがぼんやりとし，徐々に緑色が抜けている濃淡斑をモットル症状といっている（口絵43，102）。東洋ランのシンビジウムで金の砂を散りばめたような退緑斑紋を‘金砂’と呼んだことがあった（66ページ参照）が，この斑紋はモザイクである。細長い筋状の退緑条斑がいくつか接して生ずる斑紋もモザイクという。

退緑斑点（chlorotic spot）：一様に緑色をした葉の中に，小さな退緑色の斑点が現われる。斑点は，はじめは淡緑色であるが，しだいに明瞭となり，時に黄色化してくるものがある。また，検定用植物に汁液接種を行なったとき，接種した葉に現われることが多い（口絵224，232）。モザイク斑の初期に拡大性の斑点として見られる場合もある。

退緑条斑（chlorotic streak）：退緑色斑が細長い条斑として現われる（口絵38，86）。

葉脈透化（vein clearing）：葉脈が退緑して淡緑黄化してくる（口絵233）。

葉脈黄化（vein yellowing）：葉脈に沿って黄色になる。

葉が黄化（yellowing）：葉の緑が退色して黄色になる。

退緑輪点（chlorotic ringspot）：退色斑が輪状に現われる（口絵39）。

クサビ形退緑斑（diamond mottle）：クサビ形または鋭利な鉾先状に退緑斑を生ずる（口絵77）。

えそ斑点（necrotic spot）：感染部位の細胞がえ死を起こして褐色，黒褐色または黒色の斑点として現われる（口絵5，8）。

えそ輪点（necrotic ringspot）：灰白色または黒褐色のえそ斑が輪点状に現われる（口絵225）。2～3重になるものもある。また，大きなものをえそ輪紋という（口絵22）。

菱形斑紋（diamond spot）：シャープな菱形のえそ斑紋または斑点を現わす

（口絵171，173～174）。

葉脈えそ（vein necrosis）：葉脈がえそ化する（口絵170）。

えそ条斑（necrotic streak）：灰白色または黒色のえそ斑紋が長く伸びて，すじ状に現われる（口絵26）。えそ斑はくぼむ（sunken tissue）場合が多いが，時に盛り上がることもある。

え（壊）死（necrosis）：病組織が破壊されて枯死し，灰白色，黒褐色または黒色のえ死となる（口絵23，24など）。

ネット状斑紋：退緑斑が拡大し，葉脈部分だけが緑色に残り，あたかもネット様に見える（口絵151）。

奇形（malformation）：ウイルスの増殖によって組織が萎縮または欠如したり，よじれ（distortion），でこぼこ（rough），ひだ状の突起（enation）を生じたりするなど，葉が変形するものをいう（口絵179～180）。

萎縮（dwarfing，stunting）：株全体が発育不良を起こして縮みまたはわい化する（口絵181）。

病徴の隠ぺい（masking）：病徴が軽くなって見えにくくなることをいう（口絵76，175）。

（2）花に現われる症状

花の斑入り（flower color breaking）：花の花弁，がく弁，舌弁の色が部分的に抜けたり，色濃くなったりするなどのまだら模様になることをいう（口絵94～98）。これをカラーブレーキング病または斑入り病と呼んでいる。

花のえそ斑（flower necrosis）：花にもえ死斑が現われる（口絵34）。また，花脈に沿って黒褐色または灰白色のくぼんだえ死を生ずる。さらに，花の柄にもえそ斑が現われる（口絵186）。

ランのウイルス病とその病徴

シンビジウムモザイクウイルス（CymMV）による病徴

○シンビジウム（*Cymbidium*）のえそモザイク病

葉に退緑モザイク斑紋とえそ斑点あるいはえそ条斑を生ずるのが特徴である。退緑斑ははじめ葉の両面に薄く現われ，しだいに緑黄色化した斑紋となってくる。えそ斑は同じく葉の両面の退緑斑がえそ化したもので，褐色または黒色の斑点あるいは条斑として形成される。そのため株全体が汚らしくなり，さらに生育が衰える。一般に花には症状が現われないが，品種によりえそを生ずるものがある。病徴の現われ方は種類や品種によりいくらか異なるので，いくつかの例をあげることにする。

病徴—1：一般に，はじめ生長中の新葉にやや長方形の薄い退緑斑を生じ，しだいに明瞭な退緑斑となってくる（口絵1）。のち退緑斑が部分的にえ死化してくる。成熟した葉では明瞭なやや縦長の濃淡斑からなるモザイクとなる（口絵2）。葉の裏面には退緑部に多数の黒褐色または黒色のえそ斑点を形成し，拡大ゆ合しながら不定形のへこんだ大きなえそ斑またはえそ条斑となる（口絵8）。えそ斑はしだいに葉の表面の退緑部に達してえそ斑と退緑斑のモザイクになる（口絵3，7）。病徴が進んだものでは，2～4 mm×2～10 mm大の円形から長方形で，大小不定形のえそ病斑となり，生育が悪く，また花つきが少なくその寿命も短くなる。

病徴—2（*Alexanderi album*の例）：葉の表に退緑斑点によるモザイクを生じ，進んで退緑部が黒褐色にえそ化してくる。えそ斑は葉脈に沿って連なり，長いえそ条斑となるものもある。葉の裏面には葉脈間に幅約1 mm，長さ2～4 mm大の長い退色斑からなるモザイクを生じ，さらに退緑部がえ死化して激しいえそ斑紋となる。そのようなえそ病斑により株全体が汚らしくなり，また生育が著しく衰える。

病徴—3：成熟した古い葉に1～3mm大の円形または紡錘形の退緑斑を生じてモザイ クとなり，さらにその中心よりえ死して黒褐色のえそ斑を多数生ずる。えそ斑は点状のものから幅1mm，長さ2～5mm大の大小さまざまな不定形に現われる（口絵5）。えそ斑点は退緑部の中ほどからえそ化してくるため，その周縁には退緑部が見られる。葉の裏面にも表と同様に退緑斑からなるモザイクを生じ，さらにえそ斑となる。えそ斑は表と同様に大小の不定形であるが，葉脈に沿った隣接のえそ斑と連なって長いえそ条斑となるものや，葉の上半部では幅2mm，長さ2～10mm大の細長い輪紋状を形成するものがある（口絵6）。

また，えそ斑は葉先部分では細く，葉の中央部から下部に至る部分ではやや大きく太めに現われる。そのため，株全体が汚らしく，また生育が著しく衰える。新しく発育したシュートの葉には，明瞭な退緑斑からなるモザイクを生ずる（口絵4）。のち退緑斑点は徐々に拡大し，葉脈に沿ったものとゆ合しながら不規則な長い条斑となったが，退緑部の境は徐々に薄くなり，際だたなくなってきた。生長中の新葉では早く現われた葉先の退緑部からえそ化してきた（口絵4）。

病徴—4：若い葉では，葉脈間に円形，長方形または紡錘形の退緑斑，あるいは中心に緑色を残す紡錘形または長方形などの退緑輪紋を現わすものがある。さらに，退緑斑は極細いものや葉脈間に不定形に現われるものもあった。古い葉では，薄い退緑斑とともにそれがえそ化して黒褐色のくぼんだ不規則のえそ斑を多数生じた。えそ斑は葉脈に沿って隣接のものとゆ合して長く連なり，えそ条斑になるものも見られた。

病徴—5：葉に針点状の小さなえそ斑点を多数生じ，またゆ合して長さ約1mm大の細長いえそ斑になるものや，葉脈に沿って長いえそ条斑になるものがあった（口絵9）。

病徴—6（東洋ランの例）：葉に明瞭な退緑色のモザイク斑を生ずるものと（口絵10，11），えそ斑点を生ずるものがある（口絵12）。

○カトレヤ系（*Cattleya*系）のえそ病

カトレヤ系（*C.,Bc.,Blc.,Lc.,Sc.,Slc.*など）の病徴は属間でも類似しているので，次にまとめて示す。葉にえそ条斑あるいはえそ輪紋を生ずるのが特徴である。また，えそ斑は葉の裏側に激しく現われる場合が多い。花には普通症状が現われないが，種類や品種によっては激しいえそ斑を現わすものがある。

〈葉のえそ病〉

病徴—1：新葉の表裏ともに淡褐色のえそ斑点あるいはえそ条斑を生ずる。えそ斑点ははじめ葉肉部に生じ，表皮が健全を保っているため表皮を透かすことで見える。進展すると葉肉に沿って幅2～3mmの細長いえそ条斑となる(口絵13，14)。また，えそを起こした葉肉部の細胞はしだいに崩壊して表皮に達し，葉の表面がくぼんで波状となり，褐色～黒褐色のえそ条斑となる（口絵15，17)。葉の裏も同様に，はじめ葉肉部に生じた褐色のえそ斑点が葉脈に沿って隣接のものとしだいにゆ合して長いえそ条斑となる（口絵16，18)。えそ斑を生じた部分の表皮はくぼんでくるので，葉の表面がでこぼこの波状になる。この病株の古い葉には病斑が見られなかったことから，えそ斑は初発病の葉に激しく発生するようである。

病徴—2：成熟した葉では，表の先端部に激しいえそ斑が形成された。えそ斑は斑点からはじまり，拡大ゆ合して大型となるものや長形になるものがあり，また濃褐色で表皮がでこぼことなる（口絵21)。そのようなえそ斑部の下方と葉の中央部には，葉肉部に褐色のえそ条斑が形成されたが，その葉の下部には症状が見られず正常であった。葉の裏には激しい褐色のえそ輪紋が形成された。えそ斑は中心に緑色を残す1～2mm大あるいは2～3重の輪紋を多数形成し，また隣接のものとゆ合したり，さらにいくつかの輪紋をとり囲んで中心から3～5重の大きなえそ輪を形成するなど，描いたようなえそ輪紋模様を形づくった（口絵22)。えそ部は褐色～黒褐色となり，さらにへこみを生じた。若い葉には前述の病徴—1で示した症状に類似したえそ斑が形成された。

ほかの品種の株でも同様に，葉の裏に1～3重のえそ輪紋を形成し，いくつかの輪紋をとり囲んでえそ条斑が不規則に変化しながら，葉のほぼ全体に長く伸びて形成されるものがある（口絵23，24）。そのえそ条斑は，細いものから幅広くなるものまであり，また2列になるものもあった。

病徴は種類や品種によって少し異なるもので，以上の病徴のほかに，1）葉の表に葉肉部にえ死を起こして淡褐色または灰褐色のえそ斑を生じ，表皮が細かくでこぼこになり（口絵25～28），また葉の裏ではえそ斑がやや大きいえそ条斑になるもの，2）葉に淡い退緑斑または葉脈に沿った長い退緑条斑を示すもの（口絵19），3）葉の上部過半部の表に1～3mm大のえそ斑点を多数生じ，そのえそ斑点は隣接のものとゆ合し，広い黒褐色斑となり，葉の裏面に小さい黒色のえそ斑点を現わすものなど（口絵30），さまざまな病斑が見られた。品種‘Roocell GloRuicle’では幅の広い，また長い退緑斑が現われた（口絵20）。退緑斑の境ははっきりせず，大きい斑紋のなかに緑の小さな縞が残る状態も見られた。また赤紫色のえそ斑紋になるものもあった（口絵29）。

〈花のえそ病〉

病徴—1（*Bc. Olna*，白色花種の例）：葉には気づくような症状が見られなかった。花は光沢のよい純白で，開花直後全く異常が見られなかった（口絵31）が，開花4～5日後ころより花弁，がく弁，唇弁のすべてに淡褐色の不定形えそ斑点が形成されてくる（口絵32）。えそ斑はしだいに増加拡大しながら隣接のものとゆ合し，開花後10日を過ぎると花全体に黒褐色の多くのえそ斑が現われて色彩が悪く，乾いた状態になった（口絵33，34）。また，花軸にもえそを生じ，まもなく下垂して落花した。この病斑を灰色かび病菌によるものと記述した例を見かけたことあるが，灰色かび病は拡大性の少ない斑点として現われることが多く（口絵195），また湿度が高いと水浸状になる場合があり，病斑上に淡褐色の胞子をつけた菌糸が見られるので，ウイルス病による病斑とは判別できる（口絵196）。

病徴—2（桃色花種，黄色花種）：淡い桃色の花弁および黄色の花弁の品種にも，前者と同様に花にえそ症状を発生するものがある（口絵35）。これらの品種でも同じく開花時には花弁に全く症状が現われなかったが，開花4～6日後ころより褐色のえそ斑を生じ，のちしだいに増加拡大しながら花弁，がく弁，唇弁に黒褐色の激しいえそ斑を多数形成し，２週間後には落花した。これらの品種では*Bc. Olna*と異なり，葉にも黒褐色のえそ斑点やえそ条斑が形成された。葉先ではえそ斑が激しく，またゆ合して部分的に枯死も見られた。葉における病徴の発現は品種や種によって異なるようである。

病徴—３（花鞘）：褐色のえそ斑，時に激しい黒褐色のえそ斑を生じた（口絵36）。

○デンドロビウム（*Dendrobium*）のモザイク病

病徴—１：新葉では葉脈間に淡緑色斑を生じてモザイクとなる（口絵37）。その退緑部と緑色部とが葉脈に沿って交互に現われて縞模様のモザイク斑を示し，また退緑部の周縁がやや薄くなり，濃淡斑の境がはっきりしない症状を現わした（口絵38）。退緑斑は葉脈間の隣接のものとゆ合して，長い退緑条斑になるものもある（口絵40）。このようなモザイク斑は若い葉に明瞭である。古い葉ではモザイク斑が薄くなり，時に黒褐色のえそ斑点を生じた。

病徴—２：モザイク斑のほかに，古い葉に濃緑色を囲む不定形の輪紋状の退緑斑を生じ（口絵39），株全体の生育が著しく衰えるものや，灰褐色のえそ斑を生ずるもの（口絵41）があった。

病徴—３（セッコクの例）：葉に明瞭な退緑斑点～黄色斑点からなるモザイクを生じた（口絵42）。

○デンファレ（*Den. phalaenopsis*）のモザイク病

葉に退緑斑からなるモザイクおよびえそ斑点を生じた。

○ファレノプシス（*Phalaenopsis*）のえそ病

病斑は品種により異なるが，若い葉に退緑のモットル斑を現わすもの）（口絵43）と，緑斑内にえそを生じるものとがある。また，葉に黒褐色～黒色のえそ斑点を生じ，表皮にへこみを生じた（口絵44）。えそ斑ははじめ葉肉部に生じ，異常が見られない表皮を透かすと見える。えそ斑はしだいに葉脈に沿って不連続に，またはゆ合して連結し，表皮がへこんだ不規則な形の長いえそ条斑が幾条にも現われた（口絵45）。え死が進んだ部分では，表皮もえそ化した。えそ斑は葉の裏にも生じて水浸状の顕著なえそ斑になった。えそ斑の形成により病株は不健全となり，生育が衰えた。輪紋状の退緑斑またはえそがかった斑紋を生じ，それからゆ合して大きな斑紋となるものも見られた。また灰白色の斑紋を生ずるものがあった（口絵46）。汁液接種したときに，明瞭な拡大性の退緑斑点を生じ（口絵47），また小さいえそを生じるものもある（口絵48）。

○エビネ（*Calanthe*）のモザイク病

エビネ属の種類または交配種などによって病徴の現われ方に少し違いが見られる。一般に葉に明瞭なモザイク斑を生ずる（口絵49, 50）。また，はじめ薄い退緑斑点を生じ，のちそれが葉脈に沿って伸び隣接のものとゆ合しながら，長い退緑条斑を生じてモザイクとなる（口絵51）。古い葉では退緑部がやや薄いモザイクを示した。これは葉の成熟とともに退緑斑が少し目だたなくなったことによる。種類や品種によっては，退緑条斑内にえそ斑点を生じ，それが伸長して葉脈に沿ってゆ合し，細いえそ条斑となるものがある。

リュウキュウ種‘烈火’では，葉脈間に幅1 mm，長さ1～2 mmの明瞭な退緑斑を生じ，また葉脈に沿った隣接のものとゆ合したとみられる約2～3 cmの長さの不規則な退緑条斑となり，また緑黄色のモザイク斑紋となった。

○リカステ（*Lycaste*）のえそ病

葉に退緑斑を生じたが，やや薄く際だたない条斑状に現われる（口絵52）ものと，えそ斑点として現われるもの（口絵53）とがあった。花のがく弁，花弁，唇弁全体に明瞭なえそ斑を生じた（口絵54）。えそ斑は淡褐色～褐色の斑点として現われ，のち花脈に沿って隣接のものとゆ合したような不定形の長い条斑となった。

○バンダ（*Vanda*）のモザイク病

病徴—1：葉に退緑斑点を生じてモザイクとなったが，とくに葉の裏面に明瞭であった（口絵55）。

病徴—2：古い葉に緑黄色化した退緑斑がモザイク状に現われた。モザイク斑は退緑斑がゆ合してやや大きめの不定形斑紋となり，またそれらの斑紋の一部あるいは周りが赤紫色化する部分がかなり多くなり，それがモザイク状に現われた（口絵56）。また，品種*V. Jenchai Bolty*では黄褐色のえそモザイクや半円形のえそ斑紋を生ずるものがあった（口絵57）。

病徴—3：葉に黒褐色の斑点および葉脈が黒褐色になる条斑を生じた（口絵58）。また，斑点がゆ合し，広い濃褐色斑となるものが見られた。

病徴—4（棒バンダ）：棒状の葉に赤紫色の斑紋がモザイク状に現われた（口絵59）。新しくできた葉には症状が現われなかったが，葉の成熟とともに現われ，のち明瞭になった。

○オンシジウム（*Oncidium*）のモザイク病

若い葉では，はじめ薄い退緑斑点を生じ，やや拡大しながらしだいに明瞭になり，また葉脈に沿った隣接のものとゆ合しながら長くなる。退緑斑が幅2～3mm，長さ1～2cm大になったものでは，中央がえ死して淡褐色となったが，モザイク斑紋状に現われた。古くなった葉では，小さい退緑斑がモザイク状に現われ，その一部には中心がえ死して灰白色の斑点を現わした（口絵60）。

○ドリテノプシス（*Doritaenopsis*）のえそモザイク病

葉に退緑斑を生じてモザイクとなる。退緑斑は不定形で，円形，長方形，輪紋あるいは長方形輪紋などの形状となり，また淡褐色にえそ化するものも見られた（口絵61～62）。局所的に黒色のえそ斑点を生じ，また表皮がへこんだ。

○リンコスティリス（*Rhynchostylis*）のえそ病

葉に黒色の斑点を生じ，その部分の表皮がへこんだ。えそ斑ははじめは葉肉部に生じ，その部分の表皮は異常が見られなかった。のちに，えそ斑は葉脈に沿った隣接のものとゆ合連結し，また表皮に達し，不規則な形状のへこんだ長いえそ条斑となるものもあった（口絵63)。

○エピデンドラム（*Epidendrum*）のえそ病

葉の表にはえそ斑点を多数生ずる。葉の裏にえそ斑点を生じてしだいに隣接のものとゆ合し，また少し膨らんだ長いえそ条斑が明瞭に現われた（口絵64)。えそ斑は葉脈を越えた隣の葉脈間のものとゆ合したやや幅広いえそ条斑となるものもあった（口絵65)。葉の表には症状が明瞭でないが，裏のえそ斑が透かして見える程度のものが多く，わずかに葉の裏のえそ斑が表の面にまで達してえそ斑点を形成するものがあった（口絵66)。

○グラマトフィラム（*Grammatophylum*）のモザイク病

葉に長形の退緑斑からなる明瞭なモザイクを生じた（口絵67)。退緑斑は1～10mm大のさまざまな長さの形状が見られた。

○オドンティオダ（*Odontioda*）のモザイク病

葉にモザイク斑を生じたが，古い葉では薄い退緑斑であった（口絵68)。

○アランセラ（*Aranthera*）のモザイク病

葉に葉脈に沿った長めの退緑斑または黄色斑からなるモザイクを生じた，また退緑部がえそ化するものも見られた（口絵69～71)。葉の裏には退緑斑を生じるとともにへこみも生じた（口絵72)。

○ペリステリア（*Peristeria*）えそ斑病

葉に薄い退緑斑を生じ，そのなかにはじめ薄い褐色斑，のち黒褐色の斑点となるものがあった（口絵73)。

オドントグロッサムリングスポットウイルス（ORSV）による病徴

ORSVは，ラン科の多種属に感染して葉あるいは花に病徴を発生し，時に生育障害を起こす原因となる。とくにシンビジウムやカトレヤ系に発生が多く，発病すると花に激しい斑入り（カラーブレーキング）を生ずる。このような症状は，1952年にはすでにアメリカでウイルス病であることが記載されていたが，それでも一部の国々では1970年代ごろまで遺伝的な変異種として現われたものと誤解した認識があって，各地のラン展に出品されているものがよく見かけられた。これはまさに珍しさから珍種として扱おうとしたからであった。また，肥料や温度などの環境条件によっても現われるという考えもあったが，今ではウイルス病としての認識がもたれるようになった。

カトレヤ系では，葉に特徴のある赤紫色斑を生ずるものと，葉に目だつ病徴が現われないものとがあり，後者の場合ウイルス病との診断がなかなか難しい。しかし，花には斑入りを生ずるので，葉に症状がなくてもこの花の斑入りを見ることによって，ORSVによる病気であると知ることがある。ORSVはまた，前述のように，CymMV と混合感染していることが多い。そのような場合，一方のウイルスの病徴が優先されることが多く，病徴のみでは混合感染を認識することは非常に難しい。

○オドントグロッサム（*Odontoglossum*）のえそ輪点病

ORSVは，最初アメリカでオドントグロッサム（*Odm. grande*）の葉にえそ輪点を生じたウイルスに命名された。原宿主の病徴は葉にえそ輪点を生じ，またその外側にいくつものえその輪ができ，さらに隣接する二つの幾重にもなったえそ輪を囲むえそ輪ができる病斑であった。また，やや大きめの長形退緑斑のなかに小さな多数のえそ斑点が形成される症状も見られる。その小さなえそ斑点が拡大ゆ合したような黒色の大きなえそ斑の形成もある。日本でシンビジウムから分離したORSVをオドントグロッサムに汁液接種したところ，明瞭なモザイク斑を生じたが，えそ斑はできなかった（口絵74）ので，品種によりいろいろな症状が現われるようである。

○シンビジウムのモザイク病

葉に明瞭なモザイク斑が現われるが，品種によってはクサビ形の退緑斑を現わすものがあり，これをアメリカではダイヤモンドモットル病と呼んでいる(口絵77)。日本では，ランのウイルス病のことが知られていなかった時代に，東洋ランを趣味的に栽培している人たちの間で，葉に生じたモザイク斑紋がちょうど金の砂を散りばめたように見える（口絵75）ことから，この退緑斑紋を現わしたものを総称して“金砂”（品種名ではない）と呼んで，東洋ランシンビジウムの変種として貴重がられ，破格の値段で取引されていたことがあった。

筆者は，‘金砂’と呼ばれた東洋ランシンビジウムの多数の株（品種：桑原晃，大勲，瑞宝，旭光，桃姫，蓬莱の花，カンラン，ケイ蘭など）を営業的栽培者あるいは趣味的栽培者から葉を譲り受けて調べたところ，そのすべてがORSVに感染していることを認め，それらの斑紋（口絵87～93）はウイルスによる病徴であることを明らかにした。その当時，金砂と呼んだ東洋ランのそれらシンビジウムがウイルス病であるといわれると価値がなくなり，極端に価格が下がることから大きな打撃をうけることになる。そこで趣味的栽培者の一部には，‘金砂’はウイルス病ではなく遺伝的特有のものであると東洋ラン専門雑誌に記載してまでもそれを否定し，投機値段を保とうとした努力がみられた。しかし，しだいにそれらがウイルス病であることが認識されるようになった。

〈葉の病徴〉

病徴—1：葉に明瞭なモザイク斑を生ずる（口絵75)。葉が古くなるにつれてモザイク斑紋が薄くなって不鮮明となり，また目だたなくなる（口絵76)。そのため，ウイルス病斑が見定めにくく，ウイルス病であることを見落とすことがあるので，診断には十分注意しなくてはならない。また，品種により退緑斑部に少数であるが小さなえそ斑点を生ずるものがある。しかし，シンビジウムではいずれも新しく発生するシュートの若い葉にはじめ拡大性の明瞭な長い退緑斑あるいはモザイクを生ずる（口絵82～84）ので，この新葉の症状の発現を観察することにより，少なくともウイルス病であること，さらにORSVであるとの診断が容易にしやすい。

病徴―２：葉の表裏両面の葉先側にクサビ形の明瞭な斑紋モザイク（Diamond mottle）を生ずる（口絵77）。そのクサビ形斑紋の下部の広がりを示す部分では退緑斑が薄くなっている。このようなクサビ形退緑斑紋はまた非常に長いものや，一方が尖らない単に長い退緑条斑になるものもある（口絵86）。古くなった葉では上記退緑斑がやや薄くなり，また品種により退緑斑内にえそ斑点を生ずる品種がある（例 *Cym. Kenny*　'Pink'，口絵85）。新葉には明瞭なクサビ形あるいは長形の退緑斑を生ずる。

病徴―３：若い苗が感染すると，生長中の葉の下部が広く退緑し，さらにその葉が生長して伸びるとその下部が再び緑色に回復してくることを見ることがある。すなわち，その葉では中間部に広く淡黄緑色斑紋を生じ，葉の上部と下部が緑色となる（口絵83）。また，品種によっては，その退緑部に淡赤紫色斑をともなう場合がある。

病徴―４：葉に尖った山稜状に退緑斑を生ずるものがある（口絵78）。また，その山稜部分が黒褐色のえそ斑になるものや，その部分が赤紫色になるものもある（口絵79）。このような病斑は，ほかのウイルスでは見られないので，ORSV病と診断できる。

病徴―５：東洋ランでは淡緑色から明瞭な黄緑のモザイク斑紋が現われるが，品種によりさまざまな病斑を生ずる（口絵87～93）。その斑紋は葉脈に沿って長く伸び，あたかも縞模様に見えるものがあり（口絵91），また退緑斑点が集合してモザイク状に現われるものもある（口絵92）。退緑斑は病徴－１と同じく，古い葉には目だたなくなるものがある。比較的若い葉では，黄緑色の斑紋が中央部あるいは下部に集合しとして現われるものが多い（口絵93）。

〈花の病徴〉

ORSVに感染したシンビジウムの花の特徴は，花弁に明瞭な斑入り（カラーブレーキング）を生ずることである（口絵80，81）。この斑入りは，本来の色が抜けて退色するまだら模様に現われるが，品種により激しいものと軽いものとがある。時に色が増殖する斑紋が現われるものや，退色部が淡緑色になるものがある（口絵80)。もちろん，東洋ラン（ケイ蘭など）の花にも同様の明瞭な斑入りを生ずる（口絵88)。このような班入り症状の発現はORSV病であるとの診断ができる。

○カトレヤ系（*Cattleya*）の花の斑入り病

カトレヤ系（*C.,Bc.,Blc.,Lc.,Sc.,Slc.*など）の病徴の特徴は，花（がく弁，花弁，唇弁）に斑入り（カラーブレーキング）を生ずる（口絵94〜98）ことである。これを花の斑入り病と呼んでいる。この花の斑入りが現われることによってORSVによる病気と診断できる。品種により葉にも症状が現われるものがある。

〈花の病徴〉

普通，花の色がまだらに抜ける明瞭な斑入りを生ずる（口絵94〜95）が，時に色が増す増殖性の斑入りもある。(口絵97）この斑入りの程度は各シュートごとにまた生育環境によっていくらか異なるが，一般に明瞭に現われる。開花前の蕾のときすでにがく弁や花軸に明瞭な斑入りが現われる（口絵98)。しかし，花の色が薄いピンクや黄色のようなものでは弱い斑入りになる。また，白色の花では斑入りが現われない。病株の花は発育が悪く小形になるものがあり，また寿命が短い（口絵96)。この斑入りは蕾にも明瞭に現われ，また花茎にも現われる（口絵98，100)。蕾を包む花鞘（シース）に赤紫色の輪紋が現われる品種がある（口絵99)。

〈葉の病徴〉

花に斑入りが現われても，葉には症状がほとんど見られないもの（口絵101）と，品種により病徴が現われるものとがある。病斑の現われるものの特徴は，葉に境界の不明瞭な軟らかい感じのモットル・モザイク斑を生じたり（口絵102)，赤褐色またはアズキ色の斑紋を生じたりすることである（口絵100，103〜105)。その斑紋は，楕円形または紡錘形の大きな輪紋になるものや，葉を横に縁から他方の縁まで山の稜線状に生じるものがある（口絵106〜107)。赤紫色の斑紋をよく見ると，広がりの過程で，おそらく環境により，色が濃くなったり薄くなったりしているようである。

楕円形または紡錘形の大きな赤紫色の幅広い輪紋が葉の表と裏の両面に現われるものがあるが，裏側のほうが明瞭である（口絵106)。輪になった斑紋のなかには，よく見ると細い赤褐色の線が幾重にも集まって輪をなし，それがまた木の年輪のように現われるものがある。しかし，その細い年輪状の輪紋線は薄いものが多い。そのような重なった線は１本１本増えて幾重にも外に拡大し，だんだん大きな斑紋になったようである。品種により発育がかなり悪くなり，しかも薄い退緑斑を生ずるものがある。成熟して古くなった葉は病徴が不明瞭になる場合も多い。このようにカトレヤ系では葉に病斑ができる場合と目だった病徴が現われない場合とがある（口絵100〜108)。赤紫色の病斑が現われると，おおむねORSV病と診断できるが，葉の症状だけではORSVの完全な診断は非常に難しい場合が多い。また，CymMVとの混合感染もよく見られる。

○エピデンドラムのウイルス病

葉に薄い赤褐色の斑点や赤褐色の輪紋を生ずるものがある（口絵109)。また，小さなえそ斑点も生ずるものや，その斑紋葉の中央部が細るなど発育阻害もみられる。

○エビネ属のモザイク病

葉に明瞭なモザイク斑を現わす。モザイク斑は葉脈に沿って小さな退緑斑を生ずるもの，またそれらの斑紋が縦・横にゆ合しながら大きめの退緑斑となるものがあった（口絵110，111)。品種または環境条件によっては退緑斑内に軽いえそを生じた縞模様の斑紋を生ずることがある。エビネ属のモザイク病は，ほかのウイルスによっても類似の症状が現われるので，モザイク斑だけではORSVのようにウイルスの種類を判別することは難しいが，モザイクが現われたものはウイルス病であるとの診断は容易にできる。他にエビネ属の種ではモザイク病の病斑はほぼ同じである。

○ポティナラ（***Potinara***）のウイルス病

葉の中央部より先端部に明瞭な赤褐色斑を生ずる。葉の裏には，全面に赤褐色からなるモザイクを生ずる（口絵112）。

○リカステのモザイク病

葉に小さな退緑斑からなるモザイクを生ずる（口絵113，114）。退緑斑は部分的にえそ化し，灰褐色の斑点を生ずるものがある。

○ジゴペタラム（***Zygopetalum***）のモザイク病

葉にモザイク斑を生じ，またその斑紋のなかに小さなえそ斑点を生じて汚らしく見える症状を示した（口絵115）。

○ブラッシジウム（***Brassidium***）の赤紫色斑紋病

葉に明瞭な赤紫色の斑紋が幅広く現われる（口絵116）。そのため斑紋により葉が汚らしく見える。

CymMVとORSVとの混合感染による病徴

シンビジウム，カトレヤ系，エビネ，ファレノプシス，オンシジウムなどではCymMVとORSVとの混合感染がよく見られるが，なかでもシンビジウムとカトレヤ系には非常に多い。しかし，病徴によって2種のウイルスの混合感染であることを判定することは非常に難しく，病徴が増幅されることがあっても，多くの場合一方のウイルスの特徴的病徴を現わすことが多いようである。両ウイルスの感染は，血清反応，ウイルス粒子の電子顕微鏡観察および検定植物への接種試験により容易に確認できる（第2章参照）。

次に，両ウイルスの混合感染が認められたランの病徴例を示す。

○シンビジウム

①葉に大きさの異なる退緑斑点からなるモザイクを現わし，またそれらが葉脈に沿ってゆ合して不規則な長い条斑を現わす（口絵117）。この病斑のみではORSV病かCymMV病かの判定は難しい。

②葉に退緑斑を生じ，進んで斑紋が黄緑色となり，のちさらにえそ化して褐色～黒色の不規則な長いえそ条斑の形成が見られた（口絵118）。この病斑ではCymMVによる病徴が優先されたようである。

いずれもCymMVによる特徴のあるえそ斑を現わす場合が多い。その病斑に混じってORSV による薄いモザイク斑が見られたが，目立たないので病徴からではCymMVの単独による病 斑と診断されやすい。

○カトレヤ系

①新葉に薄い赤紫色の斑紋を生じ，時にそれがモザイクに現われ，また花に明瞭な斑入りを生じた。葉肉部に薄い褐色斑を生じ，また斑入りの花を着生したバルブ（偽球茎）の葉には赤紫色斑を，その葉の裏面には淡褐色のえそ条斑を生じるものも見られた。さらに，葉の下部側に先端が尖った山波状の赤紫色の輪紋を生じた。これらの品種における病徴はORSVに原因する病斑が優先されたが，えそはCymMVによる病斑と思われる。

②葉に周りがぼんやりする退緑斑を生じ（口絵119），さらに花にも斑入りが見られた。この病斑もORSVによる症状に類似した。

③*Blc.Memoria*の葉では，葉肉部に褐色のえそ斑を生じ，そのえそが表皮に達して表面がでこぼこになった。このえそ斑はCymMVによる病斑が優先された。

④成熟した葉には乾いた小さなえそ斑を少数生じただけで，ウイルス性の病斑とは思われなかったが，両ウイルスが検出された。

また，品種，例えば*Slc.Jwell mountain*では，目だたないほど小さい少数の赤紫色斑を生じた株からも両ウイルスが見いだされた（口絵120）。これは斑紋が小さく病徴からではウイルス病か生理傷害かの判別ができなかったため検査したものであった。また，葉が展開する以前の若いシュートの葉に明瞭な赤紫色斑を生じた（口絵121）。このような症状のものについては，ウイルスか否かの診断が非常に難しく，血清反応あるいはウイルス粒子の電顕検査を行なうことが必要である。

このような病徴の違いは品種の特性が大きく関与しているが，栽培環境により，また感染直後に発生した葉か，早期に感染した株の葉かによってもおおいに病斑の程度が異なるようである。

○エビネ類

葉に周りの薄い退緑斑点を多数生じてモザイクとなり，また不定形の退緑条斑も生じた。白鶴蘭では明瞭なモザイクを生じた（口絵122）。そのほかに，CMVとpotyvirusの混合感染が，葉に薄いモザイクを生じたタカネに見られた（口絵123）。

○オンシジウム

葉にモザイク斑とえそ斑を生じた。えそ斑はとくに葉の裏側に明瞭に現われた。

○ファレノプシス

葉に退緑斑点あるいはモザイクを生ずるもの（口絵124）と，退緑斑を生じ，その中心よりえ死化して灰白色のえそ斑がモザイク状に現われたものとがあった（口絵125）。さらに，葉の表には見分けがつきにくいほど極薄い退緑モザイク斑を生じ，裏面には広い退緑斑やモザイクを生じた。汁液接種したとき輪紋状の赤褐色斑を多数生じ，その周りの黄緑化が早められた（口絵126）。葉にはモザイク，花には発育不良，ゆがみや厚さの不均一などの奇形を生ずるものがあった。

○リカステ

葉脈に沿って薄い退緑斑を生ずるが，まもなく細く長い灰褐色のえそ条斑を現わした（口絵127）。

○エピデンドラム

葉脈に沿ってやや長めの灰白色のえそ斑を生じた（口絵128）。

○バンダ

葉に目だたない極薄い退緑斑を生じ，また小さなえそ斑点を現わした（口絵129）。

キュウリモザイクウイルス（CMV）による病徴

CMVはエビネ，デンドロビウム，ミルトニア，ファレノプシス，エリデスなどに発生が知られている。

○デンドロビウムの微斑モザイク病

病徴―１：葉に不連続の薄い大きな輪紋状の退緑斑を生じ，それが２～３重になるものもある（口絵130，132）。また，新葉では薄い退緑斑を生じ，それが集合して大きな退緑斑となり，葉が細く，生育がやや不良となる。そのような退緑斑は，株全体のいずれの葉にも発生するものではなく，一部の葉に発生する。成熟した葉では病徴がマスクされて見えなくなるものがある。花の色が赤またはピンク系のものでは明瞭な斑入りが現われる（口絵136～137）。また，１バルブの上過半部の花が著しく小さく（約３分の１程度）なるものが見られた（口絵138）。

病徴―２：軽い退緑斑が葉を横切って現われたが，その病斑の境はだんだんと薄くなってぼんやりしてきた（口絵131）。また，そのような病斑も，ごく少数の葉のみに現われたので目だたず，ウイルス病との診断を見落としやすい。この株の花は白色で斑入りが現われなかったが，発育が悪くて正常花の約２分の１程度の大きさとなった（口絵139)。この現象はウイルスの感染の時期との関係で現われ，バルブの生育の中途からウイルス病の影響を受けたためのようである。

病徴―３：若い葉にはじめ１mm大の退緑斑点を生じ，のち拡大して円状または不規則な長形の退緑斑となり，薄いモザイクとなる（口絵133)。葉が成熟してくるとモザイク斑が不鮮明になってくるが，品種により時に退緑斑内に少数の褐色のえそ斑を形成するものがある。

病徴―４：褐色のえそ斑および輪紋を生じ，さらにそれらのいくつかを縦にとりかこんだ褐色のえそ輪紋を形づくるものもあった（口絵135)。

病徴―５：上部の新葉に葉脈に沿った明瞭な長い退色条斑を生ずるもの，また葉の下位部分に横切って湾曲した退緑斑を生じ，その下にえそ斑を生ずるなどの症状を現わす株も見られた（口絵134)。

上述のようにCMVの感染による病斑は，病徴―５にみられるような明瞭な症状を現わすものが時にあるが少なく，自然感染では株の一部の葉のみに現われる場合が多い（口絵131～132)。このように病徴が目だたないので，CMV病の診断は見落としやすい。しかし，口絵130にみられるような病徴の現われ方を知っておれば，注意して観察することによりウイルス病であるとの見分けも可能であり，CMVであるとの診断がかなり正確にできる。また，病徴―１，２に示したような花の形状の現われ方も診断の目安としておおいに役だつ。

○エビネの斑紋モザイク病

病徴―１：エビネ属の葉に退緑斑を生じ，しだいに拡大しながら大きな細長い斑紋症状となるもの（口絵140)，また，はじめ退緑斑点を生じ，のち隣接のものとゆ合して大きな円形退緑斑紋となるものがある。

病徴―２：葉の下方過半部に退緑斑を生じてモザイクとなり，また拡大しながらゆ合して広い退緑斑を生ずる。その退緑部の上部境界はとがった山波状となり，またえ死斑をともなった。退緑斑内には多数のえそ斑点や細い葉脈えそを生じ，不健全となる（口絵141)。花には斑入りを生ずる（口絵142)。

上記病徴―１と病徴―２の病斑の病原ウイルスは血清型が異なり，前者がＰ型，後者がＹ型であった。

○ミルトニア（*Miltonia*）のウイルス病

ミルトニアの若い生長中の葉の上部にはじめ２～３mm大の淡緑白色の斑点を生じてモザイク斑となる。退色斑点は拡大しながら大きな楕円形病斑となり，その中央部からえ死して淡褐色斑となる（口絵143）。また，小さな褐色のえそ斑点を生じ，さらに葉脈に沿って黒褐色のえそ条斑となるものがある。激しくなると黄化して早めに枯死し落葉する。

○ファレノプシスの病徴

筆者が1982年台湾におけるランのウイルス病について踏査したとき，ファレノプシスにCMVが発生していることが認められた。ピンク色などの花にまだら模様の斑入りを生じ，また不規則な条斑をともなって生育が劣った。栽培者間ではこの症状を生理的あるいは遺伝的欠陥によるものと考えやすく，ウイルス病（CMV）との診断を見落とすことがある。

○エリデスのえそ輪紋病

エリデスの葉にえそ斑点を生じ，のち拡大進展して輪点あるいは輪紋を生ずる。

ランえそ斑紋ウイルス（OFV）による病徴

OFVはエビネ，シンビジウム，カトレヤ系，デンドロビウム，オンシジウム，ジゴペタラムなど多くのランに発生している（別表２）。

○シンビジウムのえそ斑紋病

はじめ新葉の葉脈間に幅１～1.5mm，長さ１～10mmの長方形の退緑斑を多数生ずる（口絵144）。この症状は，アメリカのJensenがはじめシンビジウムの棒状退緑モザイク斑（Bar mottle病：当時ウイルスが検出されていなかった）と呼んでいたもので，また筆者もJensenに準じて記載した症状に酷似している。のち筆者はその棒状退緑モザイク斑病とした株からOFVが検出している。退緑斑ははじめ淡緑色であるが，しだいに黄色となり，さらに褐色～黒褐色のややへこんだえそ斑となる（口絵144～146）。この病斑がシンビジウムモザイクウイルス（CymMV）による病斑と異なるのは，本病斑が葉脈間に長方形の退緑斑として現われ，しだいにえそ化してくるのに対し，CymMVでは品種によりこれと類似の症状の発生もあるが，一般には退緑斑が不定形でしかもその境がそれほどはっきり現われず，えそ化してくることである。両者の病斑は慣れると肉眼鑑定で判別しやすい。病徴図版を参考にしていただきたい。

東洋ランシンビジウム（カンラン，シュンランなど）では，葉に淡い紡錘形あるいは細長い退緑色の斑紋を生じ，のちえそ斑となる。

○エビネの黄色斑紋モザイク病

本モザイク病は中国・九州各地のエビネ，タカネ，ヒゼン，サツマ，ツルラン，オナガエビネなど多種のエビネ属に発生が認められている。とくに庭や屋外の鉢植え栽培のものに多い。

病徴は新しい葉には見られないが，成熟した葉に明瞭に現われる。新生した葉がだんだん成熟してくるにしたがい，葉脈間に幅約1mm，長さ1～7mm大の退緑斑を生じ（口絵147），さらに退緑斑が拡大して隣接のものとゆ合したような大きな不定形退緑斑となる（口絵148～150）。しかし，退緑斑紋内の葉脈は細い緑色に残り，斑紋の全体がネット状に見えるのが特徴である（口絵151）。退緑斑ははじめ淡緑色，葉の成熟とともに緑黄色あるいは黄色になってくるが，時に小さなえそ斑点を生ずるものがある。春3～5月ころには，生長しはじめた若い葉には症状がほとんど現われないが，昨年生長した古い葉には上記のような長方形の退緑斑を生じ，さらに葉脈のみが緑色に残るネット状の斑紋として現われる。庭に植えられたエビネには，上記のような症状が発生し，まん延しているものが見られた（口絵152）。

○カトレヤ系のえそ斑病

葉に緑褐色のえそ斑点および長形のえそ斑を生ずる。

○フォーミディブル（*Den. formidible*）の黄色斑紋病

葉に円形で大小の黄色退緑斑紋を生ずる。退緑斑のなかは中心にやや薄い緑色斑を残すもの，また退緑斑内の葉脈が薄い緑色に残りそれがあたかもネット状に見えるものもある（口絵153）。また，退緑黄色の斑点あるいは輪点を生じ，その外側にさらに退緑黄色の輪紋を生ずるものもある（口絵154〜155）。

○オンシジウムのえそ斑病

葉に円形または長形の明瞭な緑黄色の斑点およびえそ斑点からなるモザイクを生じた（口絵156〜157）。境が不明瞭なえそ斑点を生じ，退緑したスポットとなり，その裏面にも黒褐色の斑点を生ずるものが見られた（口絵159〜160）。また，多数の退緑斑がモザイク状に生じ，しだいに黄褐色またはえそ化するものも見られた（口絵158〜161）。

○アシネタ（*Acineta*）のえそ斑病

えそ斑点または葉脈に沿って伸びた長形のえそ化した退緑斑を生じ，そのなかに黒褐色のえそ斑点を形成するえそモザイクを生じた（口絵162）。

○パフィオペディラムのえそ斑病

葉に淡褐色，進んで黒褐色の斑点からなるえそモザイクを生じた（口絵163）。

デンドロビウムモザイクウイルス（DeMV）による病徴

DeMVは現在デンドロビウムしか発生が知られていない。

○デンドロビウム（*Den. nobile*系）のモザイク病

葉に緑色部が濃く退緑部との境界がはっきりした明瞭なモザイク斑を生ずる

のが特徴である（口絵164～166）。モザイク斑はいろいろなタイプがある。退緑斑ははじめ約2mm大の退緑斑として現われ，のちに紡錘形となるが，さらに拡大して長く伸び，さらにその退緑斑内に紡錘形の輪紋が緑色に残るものがある。その場合の緑色部は明瞭に残る。若い葉で，はじめ葉の中ほどから先端にかけて葉脈間に退緑斑が列をなして生じ，それが葉脈に沿って下方に向かって伸展する症状もある。ほかに退緑斑が拡大伸展して隣接のものとゆ合しながら葉の全面に広がるが，その退緑斑内に小さな緑色斑点や細長い緑色輪紋を残す症状が現われるものがある（口絵165）。緑色の輪紋はやや長いものや，幾重にもなって現われるものがある（口絵166）。汁液接種したとき接種葉に拡大性の退緑斑を生じたが，のち上葉には上記のようなモザイクを生じた（口絵167）。

花には症状が見られないが，ウイルス粒子の存在は電子顕微鏡観察や接種試験で確認されている。

○フォーミディブルのモザイク病

前述の*Den.nobile*系と同じく，葉に濃淡斑の明瞭なモザイク斑を生ずる（口絵168）。

クローバ葉脈黄化ウイルス（ClYVV）による病徴

ClYVVはソラマメ，エンドウ，クローバなどによく感染するウイルスであるが，わが国ではエビネとインゲンマメに発生していることが知られている。

○エビネのモザイク病

病徴―1：エビネの葉に退緑斑点や退緑条斑からなるモザイク斑を生ずる（口絵169）。本病の退緑斑はCymMVによる退緑斑紋と類似し，両者の判別は難しいが，後者のほうがやや大きい斑紋となる（口絵49～51）。退緑部に小さな黒褐色のえ死斑点を生ずることがある。

病徴―2：種類・品種によっては細長い葉脈えそ条斑を生じ，またそのえそがゆ合して大きいえそ条斑となるものがある（口絵170）。この葉脈えそは

CymMVによる葉脈えそと似ているが，細いことと全面に多数現われること，およびモザイク斑に少し違いが見られることなどにより判別される。葉が古くなり，また黄化した下葉には，紡錘形または円形の緑色斑紋を残す病斑を生ずることがある（口絵171）。

病徴—3：長形の退緑輪紋を生じたり（口絵172），紡錘形，クサビ形あるいは長形輪紋の黒褐色のえそ斑を生ずる。

病徴—4：花に激しいえそ斑を生ずる（口絵173～174）。えそ斑はクサビ形，円形，不定形の条斑として現われる。

インゲンマメ黄斑モザイクウイルス（BYMV）による病徴

○エビネのウイルス病

エビネ属の葉にやや軽い退緑色の斑紋を現わす（口絵175）。古い葉にはえそ斑点を現わすことがある。病徴に特徴がないので，症状によるウイルスの種類の判別は難しい。

カブモザイクウイルス（TuMV）による病徴

○エビネのモザイク病

タカネの葉にやや幅広い退緑斑を生じ，さらに葉脈に沿って長い不定形の条斑として現われた（口絵176～177）。花にも斑入りを生じた（口絵178）。

サギソウモザイクウイルス（HaMV）による病徴

○サギソウ（***Habenaria radiata***）のモザイク病

新葉に退緑斑点を，下葉には明瞭なモザイクを生じ，さらに葉がやや細り，よじれを起こして生育が悪い（口絵179）。また，成熟した葉では退緑斑の周りにえそを生じるものがある。品種により，上記のモザイク斑のほかに下部の成熟した葉に針点状の黒色えそ斑点または細くて長形のえそ斑を生じ，葉がやや萎縮し，生育が不良となるものがある（口絵180）。

シュンラン退緑斑ウイルス（CymCMV）による病徴

○シュンラン（***Cymbidium***）の退緑斑病

成熟した葉では病徴が見られなかったが，葉の発育が悪く株全体が小さく萎縮し，また花つきが極端に悪い（口絵181）。しかし，春新しく発育してきた葉には明瞭な長い退色斑が現われ，また発育が悪い（口絵182）。

○シンビジウムの退緑斑病

汁液接種したシンビジウムの葉に円形または紡錘形の明瞭な退緑斑を生じ，のちしだいに拡大して長い大きな退緑斑を生じた（口絵183）。

コルマナラモザイクウイルス（ColMV）による病徴

○コルマナラ（***Colmanara***）のモザイク病

若い葉に明瞭なモザイク斑を生ずる（口絵184）。明瞭な長い退緑条斑を生じ，それらがゆ合して幅広い斑紋となるものがある（口絵185）。葉が古くなってくると，モザイクの濃淡が弱くなり，大小不揃いのえそ斑点または長形のえそ斑を形成する。株の生育が悪くなる。花弁には症状が見られなかったが，花茎には激しいえそ斑を生じた（口絵186）。

デンドロビウム葉脈えそウイルス（DVNV）による病徴

DVNVの発生はドイツで報告されたもので，その他の国ではまだ認められていない。

○デンファレ（***Den. Phalaenopsis***）の花のすじえそ病

花のがく弁や花弁の脈にはっきりしたえそを形成し，時にそのえそはやや広がる。えそ斑は最初蕾が膨らみ開花するまでの間に現われてくるが，花が開くころにはへこんだえそ斑となり，また花は十分開かないようである。白色の花には目だつ症状が見られない。病株の葉は比較的小さく，また葉脈にもえそを生ずる。

シンビジウム輪点ウイルス（CymRSV）による病徴

CymRSVの発生はイギリスで報告されたもので，その他の国では発生が知られていない。

○シンビジウムの輪点病

葉に軽い退緑の輪点を生ずる。このウイルスはシロクローバにも発生し，退緑輪点によるモザイクを生ずる。

トマト黄化えそウイルス（TSWV）による病徴

○ファレノプシスの退緑輪紋病

TSWVの発生はアメリカで報告された。葉に退緑輪紋を生ずるのが特徴であるが，のち退緑部がえそ化して灰白色になってくる。病斑からのウイルス粒子の検出はすこし難しいようである。わが国でも輸入ファレノプシスに類似の症状の発生が見られた。春に生長する若い葉にはじめ退緑斑点あるいは退緑輪紋を生ずる（口絵187）。退緑斑はしだいに広がりながら幅の広い退緑輪紋となる。輪紋は不完全な輪であったり，隣接のものとゆ合して大きな変形輪となるものがある。さらに，輪紋の退緑部が幾重かの輪になるものもある。トマトから分離したTSWVを汁液接種したファレノプシスの葉では，はじめ退緑斑を生じ，のちやや拡大しながらえそ化し，その中にさらに褐色の細いえそ輪紋を生じた（口絵188）。

その他のウイルスによる症状

○カボチャモザイクウイルス（WMV-2）による病徴

サギソウ：葉にモザイクおよび変形とよじれを生じ，全体が激しい萎縮を生ずる（口絵189～190）。

○エビネ微斑モザイクウイルス（CalMMV）による病徴

エビネ：葉に軽いモザイクを生じ，また花に斑入り（カラーブレーキング）を生ずる。

○シンビジウム微斑モザイクウイルス（CymMMV）による病徴

シンビジウム：葉に軽いモザイクを生じ，生育が悪い。花の着数が少なく，また小さくなるので被害が大きい。

○ネジバナモザイクウイルス（SpiMV）による病徴

SpiMVはChangによって1985年に韓国で発生していることが報告された。ネジバナの葉に退緑色のモザイクを生ずるが，退緑斑が広がり，また生育が悪くなる。時に病斑部が変形する。

○カーネーション斑紋ウイルス（CarMV）による病徴

ミルトニア（*Miltonia*）微斑モザイク病：葉に薄く目だたない退緑斑紋のモザイクを生ずる。また，感染していても病徴を現わさない場合もみられる。

○トマト輪点ウイルス（ToRSV）による病徴

ToRSVは，Goff & Cortbett によって1977年にアメリカでシンビジウムに発生することが報告された。葉脈に沿って軽い退緑斑およびえそ斑点やえそ条斑を生ずる。葉の病徴はCymMVやORSVの感染による症状と区別がつきにくいようである。このウイルスは，わが国ではランでの発生が知られていないが，メロン，スイセン，ペチュニアに発生が認められているので，注意が必要である。

○バニラモザイクウイルス（VanMV）による病徴

VanMVはWislerによって1987年に太平洋東部の群島，フランス領ポリネシアのバニラ（*Vanilla*）に発生することが知られた。葉に大きな濃淡斑の明瞭なモザイクを生じ，また葉の変形も現われる。さらに，生長が著しく悪くなる。

これらの特徴的な病斑は本病診断におおいに役だつ。

○ポティウイルス（未同定）によるウチョウランのモザイク病

ウチョウランの葉に比較的大きな退緑斑を含むモザイクを生じた（口絵191～192）。さらに生育が悪くなった。この病葉から電子顕微鏡で長さ約750nmのひも状粒子と筒状封入体の破片が見られたことから，ポティウイルス属ウイルスと考えられた。

ウイルス以外の類似症状

ウイルス病とカビや細菌による病斑との判別は，病徴の現われ方と進み方をよく観察することによってある程度可能である。カビによる病気は空中伝染し，葉の気孔などから感染して発病し，広がりのあるえ死斑を生じ，また株の部分的に発生する場合が多い。さらに，種類によっては，たとえば炭疽病では枯死して乾いたえ死斑上に分生子盤あるいは子のう殻の小黒点状が見え，またそれら黒点が病斑の広がりにそって木の年輪状に形成されるとか，灰色かび病のように，湿度が高い場合には病斑上の淡黄褐色の分生子柄の先端に分生子塊が球状に形成された菌体が肉眼で容易に見える，ことなどにより判別される。

細菌は導管や細胞に侵入し，腐敗状あるいは水浸状の黒色斑を形成することが多く，また広がりが早い。ファレノプシスでは葉の基部に達すると全体が枯れてしまったり，デンドロビウムでは葉に発生すると落葉したりする。

これらカビや細菌による病斑は，ウイルス病のような葉肉部の退緑斑から始まる病斑とは現われ方が異なることが判別のポイントである。もちろん例外はある。これらの病気は農薬を散布することによりかなり防除できるが，ウイルス病は防除できる農薬がない。なお，ウイルス病とカビあるいは細菌との混合感染もありうる。それらによる病斑のいくつかの例を口絵193～210に示す。

第2章

検定による診断

1　検定植物への接種による診断

植物ウイルスは約800種ほどあるが，それぞれのウイルスは固有の感染できる宿主範囲をもっている。例えば，キュウリモザイクウイルス（CMV）のように宿主が著しく幅広く約775種以上の植物に感染するものから，チューリップモザイクウイルス（TBV）のようにチューリップとユリにしか全身感染しないものや，デンドロビウムモザイクウイルス（DeMV）のようにデンドロビウムにしか感染しない宿主範囲のごく狭いウイルスもある。

このように感染するか否かの反応は，ウイルスの種類や系統と植物の種類や品種との組み合わせによって異なり，また病徴の現われ方も一様ではない。このようなウイルスの感染性の違いをみることを生物的診断法といい，ウイルスの種類をもある程度判別することができる。この見分けに用いる植物を検定植物といっている。しかし，栽培者にとってはウイルスの種類が同定されなくても，ウイルス病であるのかそうでないのかがわかれば十分である。そのためには，ある特定の検定植物へ汁液接種を行なって感染するか否かを調べることだけで，その診断の大方の目的が達成できる。ウイルス病であることがわかればその防除策が立てられるからである。

しかし，植物ウイルスのなかには汁液接種によって伝染しないものもある（媒介虫によってのみ伝染するものがある）が，現在，ランに発生が知られているウイルスはすべて汁液伝染する。では，接種試験による診断はどうすればよいか。

病葉を摩砕した汁液を人工的にいろいろな植物の葉に摩擦接種した場合，全身感染するもと感染しないものとがあり，またその接種葉に局所的に斑点を生ずる局部感染もある。

全身感染とは，細胞に侵入したウイルス粒子が細胞間を移行しながら宿主の全身で増殖することを指し，したがって新しく生長した葉に病斑が現われてくる。ウイルスが全身感染するということは，そのランは自然に伝染して発病するということでもある。

局部感染は，病斑が接種した葉に独立した小さな斑点（退緑斑点，あるいは赤色，褐色，黒色などのえそ斑点，斑点の枯死など）として現われる（口絵218〜232)。この局部病斑は接種後数日で現われるので，そのような少数の植物を検定に用いることで比較的短期間で結果が得られ，大変有効な簡易診断法としてランの栽培者にすすめたい。

さらに，その感染反応をみることにより，ウイルスに原因する病気であるのか，カビや細菌による病気か，あるいは環境条件による生理障害であるのかどうかの診断が容易にかつかなり正確にできる利点もある。そのためには，その検定技術をよく把握しておかなくてはならない。

この項では，ランの栽培者でも簡単に接種検定ができるように，またこれからウイルス病を研究しようとしている学生のために，病葉汁液の擦りつけ接種による検定法，すなわち検定植物の苗づくりから接種法，ウイルスの分離法，判定の方法までのあらましを少し詳しく述べる。

（1）検定植物苗の育成

生物検定を行なう場合，接種時の検定植物の葉の条件が適しているか否かによって反応が明確に出たり出なかったりする。ウイルス病の診断を正確にするためには，第一に接種苗の葉が感染しやすい状態のものを用いることが肝要である。そこで，検定植物の育成法についてまず簡単に述べる。

①適している植物と入手法

ウイルス病診断用の植物の種子は種苗会社から購入するか，販売していない種類，例えばアカザ科のアマランティカラー（*Chenopodium amaranticolor*）などは，植物のウイルスを研究している大学や試験研究機関に依頼すれば手に入れることができる。検定植物苗の育成は，種子を播いた鉢を一般に18〜25℃の温室内において行なうが，直射日光を避け遮光した場所がよい。

植物の種類によっては，高温を必要とするものや秋から冬にかけて日光不足でよく育たないものがある。例えば，ウイルス病であるか否かを知りたい検定のための最も有効なアマランティカラーやキノア（*C. quinoa*）は短日植物であるため，9月から翌3月ころには苗が小さくても結実してくるので，接種に適する大きさの葉が多く得られにくい。

そこで，西日本では秋から初春の期間には日没から夜8～9時ころまで長日処理，すなわち電照（100W以上）する必要がある。東北・北海道地方ではさらに1～2時間延長して照明することが必要であるが，生育が悪く適する苗が得られにくいといわれている。この時期には，汁液接種したあとでも同じく照明したほうがよい。センニチコウやササゲなどは上記より高い温度を必要とするので，秋から冬にかけての時期には育ちにくい。

②育て方とふやし方

アマランティカラー，キノア，タバコ類，ツルナおよびセンニチコウなどの種子は，1鉢に数十個ほどの種子をまき，発芽後双葉の間から本葉が出はじめたころ，またタバコ類は4～5葉のとき，1鉢（3.5号）に1本植えて育てる。アカザ科植物は用土が乾かないよう灌水を十分行なうように注意しながら育てることが秘訣である。

また，アカザ科やツルナの植物は，一度手に入れたら，育てた苗の2～3本を大きな鉢（1号）に1本あて植えて大きく育てると秋には多数結実するので，種子を採り1カ月ほど乾燥して保存することをくり返せば以後継続的に利用できる。乾燥することにより休眠にはいり，一時発芽しにくくなる。カシアオキシデンタリス（*Cassia occidentalis*，マメ科；CymMVの検定植物：口絵221）の種子は，発芽を促進するためにナイフで種皮のはしを少し削るか傷をつけてまくとよい。これは，種皮が硬いので吸水しやすいようにするためである。

(2) 接種苗の利用

いずれの検定植物も接種に用いる葉は，展開後あまり日数がたっていないもの，または伸びきる直前でみずみずしく感じられるものを用いることが秘訣である。

①アカザ科植物（***C.amaranticolar, C.quinoa, C.murale***）

草丈が10～15 cm，大きくても20 cmほどのものを用いるとよい（口絵211）。葉は展開したばかりのものから，葉がまだ軟らかくみずみずしく感じられるものを用いて接種葉とすること。１点２～３枚の葉を用いればよいが，アマランティカラーでは下部の小葉にも接種しておくとよい。なぜなら，CymMVは接種した下葉では黄色化しはじめると緑色のスポットとして残る局部病斑（口絵218）が現われるので，接種した上葉の反応より早くまた正確にCymMVの判別ができるからである。しかし，下部の小葉は黄化すると落葉しやすいので見落とさないように接種後３日ころから毎日観察すること。

②センニチコウ（***Gomphrena globosa***）

夏では定植してから２～４週間後５～10cm程度に伸びた葉を４～５枚用いて接種する（口絵212）。大きくなり花がつくような苗の葉は感染反応が悪く不適当である。冬期は発育が悪く供用する大きさに育つのに日数がかかるので，20℃以上で育てること。しかし，30℃以上でも生育がよくない。

③ツルナ（***Tetragonia expansa***）

ツルナは野生植物で海岸近くなどに生えているものを採集して用いることができる。草丈が５～７cmぐらいの大きさで葉が十分展開し，また水分がたりてよく育ったものがよい（口絵213）。わき芽は摘みとっておく。

④ササゲ（***Vigna***）およびインゲンマメ（***Phaseolus vulgaris***）

双子葉が展開したらすぐ用いる。本葉が双子葉の間から出るまでのものがよく，大きく伸びたものは避ける。

⑤ソラマメ（***Vicia faba***）およびエンドウ（***Pisum sativum***）

本葉が２～３枚出るまでのものを用い，あまり大きいものはさける（口絵215)。

⑥カシアオキシデンタリス（***Cassia occidentalis***）

双子葉または本葉では最初に３枚葉が出るまでのものを用いる。それ以上に大きく伸びた苗は用いないことが望ましい。

⑦ゴマ（***Sesamum indicum***）

双子葉を用いる。大きくなっても２～４葉期までのものがよい。

⑧タバコ（***Nicotiana tabacum***）

葉が７～13cmぐらいに伸びた大きさで，２～３枚の葉を用いる。

(3) 接種する方法

①汁液接種法

検定植物からの摩砕液のつくり方　検定したいランの葉片を殺菌した乳鉢(30分～１時間煮沸したもの）に入れ，最初少量の0.1Mリン酸緩衝液（pH7.0）でつぶし，のちその緩衝液を最終葉重の５～10倍量ほど注いで乳棒でよく擦りつぶす。ランの葉は属により硬軟があり，摩砕汁液に粘性があるなどの特性をもつので，次のようにするとよい。

カトレヤ系やファレノプシスなどの厚めの葉では0.5～２cm角に，シンビジウムやオンシジウムのような細長く，また数の多い葉では新葉を含め３～４カ所の中央部を４～７cmほど採り，葉が硬いものではさらにこれを４～５mm角または２～３mmに横切りにしてからつぶす。デンドロビウムのように葉汁に粘性のあるものではねばねばして接種がうまくいかないので，これを避けるため葉片を１～２mm角に細かく切り，それを上記緩衝液で摩砕する。また，最初少量の緩衝液を加え，乳棒で押しながら葉をよくつぶしてから，緩衝液を追加して薄める。

接種の方法　摩砕した乳鉢の葉汁液の中にカーボランダム（500〜600メッシュ，磨き粉）を少量（液10〜20 m*l*に小さじ３分の１ほど）入れる。カーボランダムは葉に大きな損傷を与えない程度の小さな傷をつけ，ウイルスが感染しやすいようにするために用いるものである。殺菌した綿球（約１cmほどの球，薬局にも販売）をピンセットに挟みまたは指にもって検定葉汁液によく浸してかき回し，カーボランダムが混ざって綿球によくつくようにする。デンドロビウムの葉汁液のようにねばねばするものには少し多めのカーボランダムを入れる。接種する検定植物の葉を口絵216のように手のひらにのせ，葉汁液をしみ込ませた綿球で葉の面をかるくなでる。擦りつけは，強く押さえすぎにならないように，葉面を軽くなでる程度にとどめることである。また，むらなく葉の全面をなでる。強すぎると翌日ころから葉が乾いたように枯れはじめたり，また葉に灰白色の傷線が多く出たり，淡褐色に枯死した部分が現われるなどして，接種反応が正しく判定できなくなり，その検定をやり直さなくてはならなくなる。カーボランダムは葉汁液に混ぜないで，検定葉にあらかじめ振りかけておいて，汁液をしみ込ませた綿球で擦りつけ接種してもよい。カーボランダムの振りかけは小さなコショウ瓶などに入れて２重のサラン布かガーゼ布で蓋をしたもので行なうと便利である。また，葉の表面が灰色に見えるように多めにする。しかし，カーボランダムを汁液に混ぜる方式のほうがやりやすい。

接種が完了したら，ただちに手動の小型噴霧器（0.5〜１*l*）で接種した葉面に水をかけ，カーボランダムや余分の葉汁液を洗い落とす。これは，葉面を水で洗ったほうが感染しやすいためである。綿球を指で直接持って接種してもよく，また直接カーボランダムを振りかけた葉に，汁液にひたして濡れた指で表面をなでて接種してもよいが，多数の検体液があるときには１回ごとの指の消毒が大変めんどうなため，ピンセットを用いるほうが便利である。ピンセットは２〜３本準備し，使い終わったら水道水で軽く洗い流してから消毒液（137ページ）につけておき，水洗いして再使用できる。消毒液への浸漬時間は１分でも十分であるが，次の準備を行なっている間に数分経過するので消毒は完全である。経験を重ねると擦りつけもうまくなり，簡単に上手にできるようになる。

汁液接種で注意しなくてはならない重要なことがある。CymMVやORSVのようなウイルスでは，葉を摩砕して汁液にしても病原性が長く保持されているので，時間をかけて接種しても感染に支障がなく，間違いのない接種結果の判定ができる。しかし，ランえそ斑紋ウイルス（OFV）では葉を摩砕して汁液の状態にすると，摩砕後急激に病原性が低下する。これは，夏と冬の温度差によっても病原性保持の違いが大きい。そのため，OFV病であっても健全であると判定してしまうおそれがある。接種時期が夏期高温時では検定葉の摩砕後７分ころまでのものを，晩秋から４月ころでは搾汁後15分ころまでのものを接種液に用いるとよい結果が得られる（口絵230，232）。これ以上時間がすぎた場合は，新しく摩砕液をつくり接種源として用いる。そのため，このようなウイルス病の診断では葉の摩砕後早く接種を完了していただきたい。

②剥ぎ葉片摩擦接種法

この方法は，CymMVやORSVの診断のための生物的な簡易接種法である（Koら，1985）。検査したい植物がカトレヤやファレノプシスのような葉の肉厚のランに用いられる。検定葉はあまり古くない前年生長したものか，あるいは新しいシュートの一つ前の葉ぐらいを選んで用いるのがよい。まず切り取った検定葉の一部を２～３cm角に切り，その組織片の表側と裏側との中間を殺菌したカミソリの刃でスライス状に切り割って２枚にし，その一面に葉肉部が露出するようにする。スライスした葉はただちにその葉肉面を，あらかじめ上記のようにカーボランダムを振りかけておいた検定植物の葉の全表面に，柔らかくしかもよく接するように擦りつける。擦りつけは葉の表面に目に見える傷がつかないように行なうことが大切である。その後，ただちに噴霧器で散水してカーボランダムを洗い落としておく。この方法は，CymMV やORSVの検定には有効である。

③アブラムシによる接種法

アブラムシは多種類存在し，またウイルスの種類との組み合わせによって媒介するかしないかが決まる。アブラムシによる伝搬試験は，ランによく着生するアブラムシかモモアカアブラムシを用いるとよい。アブラムシは虫籠の中でよく着生する宿主で増殖する。その育成中にアブラムシが増殖しすぎると羽化するものが出てくるので，羽化虫が出はじめたら新しい宿主に取り替える。また，籠から出ないように注意する。アブラムシは水で濡らした小筆を用い，最初筆の穂先でアブラムシの背中を軽く突くと吸汁をやめて口針を抜くので，そのアブラムシを穂先にくっつけて病植物の葉の上に落とす。そのとき穂先が直接葉にふれないように注意する。

所定の吸汁時間後，同じく濡らした小筆の先でアブラムシの背中を軽くつつき，口針を抜いて動きはじめたものを小筆にくっつけて接種したい植物の葉の上に落とす。1葉に10匹程度用いるとよい。アブラムシがよく移動するようなときには，葉柄に脱脂綿を巻いて移動を妨げる。非永続的伝搬試験では，アブラムシの吸汁時間を病植物および検定植物の吸汁ともに30秒間ぐらいがよく，長くても5～10分間ぐらいに短くする。永続的伝搬するウイルスの試験では病植物を2～4時間吸汁させ，また接種植物では2日間吸汁させる。アブラムシは羽化していないものを供試し，吸汁が終われば殺虫剤を散布して殺す。

(4) 汁液接種による単一ウイルスの分離方法

①単一分離の意味

自然界では，2種のウイルスが重複感染していることがしばしば見かけられる。例えばランでは，CymMVとORSV，球根花卉植物ではポティウイルス属とカーラウイルス属，あるいはポティウイルス属とキュウリモザイクウイルス（CMV）といった組み合わせである。そこで自然発病株の病原ウイルスを分離して同定しようとする場合，まず単独感染か重複感染かを調べ，重複感染であればそれぞれを単離しなくてはならない。重複感染の判定にはウイルス粒子の電子顕微鏡による形態観察，血清反応あるいは汁液接種による宿主反応などの方法が用いられる。

しかし，ポティウイルスとカーラウイルス属のウイルスは粒子の形態が類似し，長さに若干の違いがあるだけで電子顕微鏡観察ではかなり判別しにくい。とくに新種のウイルスを検出したときには，宿主範囲や宿主反応を特定するにはどうしても単独ウイルスであることを確認しておく必要がある。２種以上のウイルスの重複感染であれば，その感染する宿主範囲が単独のウイルスよりも広くなり，寄生性の判断に誤りを起こすことになるからである。さらに，遺伝子解析にもウイルスを純化しなくてはならない。そこで，汁液接種法によるウイルスの分離の一般的な方法を述べておくことにする。

病株からウイルスを分離する場合，最初全身感染および局部感染あわせて感染する宿主を見いだすために，原株病葉の汁液を多くの科の多種植物に接種してみる。その結果，汁液接種可能なウイルスであれば感染するいくつかの植物が見いだされるので，特定の植物の全身感染葉あるいは局部感染葉を最初のウイルス培養源にする。さらに多くのウイルスは，アマランティカラーあるいはキノアには局部感染の斑点を形成するものが多く，ウイルスの単独純化にはこの病斑を分離試料に用いると便利である。

②単一局部病斑から分離

局部病斑数が少なめに生じた葉の斑点１個をカミソリの刃（刃を鋭角に割った先端）で切り取り，乳鉢で少量のリン酸緩衝液で擦りつぶし，これを同種植物に接種する。形成された局部斑点の１個を同じようにとり，同様にして接種し，これを一般には４～５回くり返して培養する。この場合，キノアに局部斑点を生ずるウイルスであれば，このキノアを分離植物に用い，また局部斑点がまばらに形成されるような希釈液を接種することが肝要で，１個の斑点を分離しやすい。このとき局部病斑のタイプが２種類あれば，それらが別々のウイルスか，単独のウイルスかを調べる。単独のウイルスによるものかどうかは，必要に応じて次に述べる③の方法によって確認する。

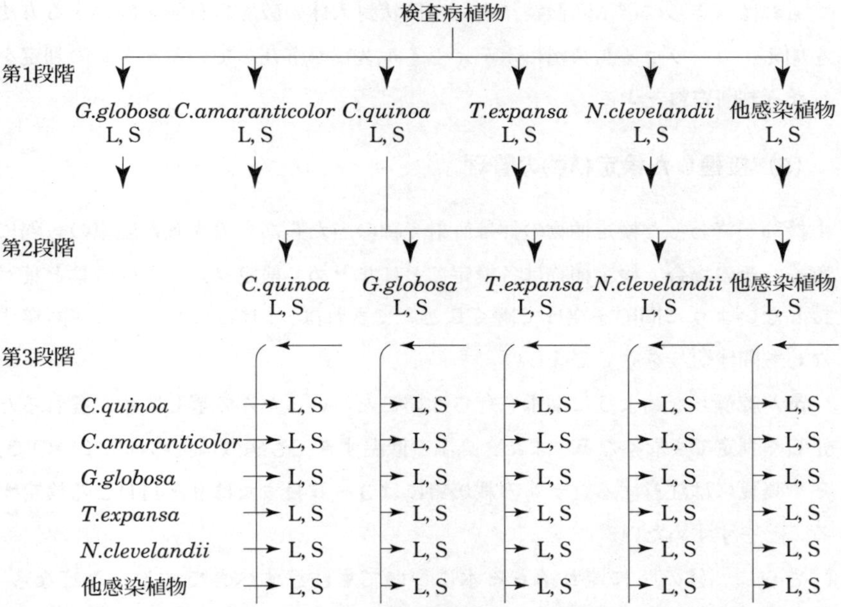

第1図　病植物におけるウイルスの混合感染の有無調べおよびウイルスの単離法
(検定植物に対する汁液接種法による判定と分別法)
病徴発現調査部位　L：接種葉，S：上位葉（全身）。検定葉接種源には発病葉のみを用いる

③検定植物への接種反応による単一ウイルスか重複感染かの判定

重複感染が予想されたときには，全身感染あるいは局部感染したいくつかの植物を選んで検定植物とし，それら感染葉のそれぞれを接種源として前記と同じ全身感染あるいは局部感染する数種の植物に接種する。その検定系は第1図に示す例のようにし，それぞれの接種源系のウイルス感染反応に違いがあるかないかを調べる。いずれの接種源系でも，感染反応（感染の有無および病徴）が同じであればほぼ単一ウイルスであると判定でき，また感染反応に違いがあれば別種のウイルスが存在するかも知れないとの判定資料となる。もちろん，両ウイルスとも同じ植物に重複感染する植物種がこれらの用いた検定植物のなかに当然あるだろうことは認識しておく必要がある。一方がポティウイルス属

であれば，さらに電子顕微鏡によって筒状封入体の破片の有無を観察する方法を加え，カーラウイルス属にポティウイルス属が混在しているか否かの判定を行なう判断資料とする。

(5) 接種した検定植物の管理

接種が終わった検定植物の鉢は直射光線の当たらない遮光した温室の一隅に置く。その場合，検定植物は各検定ごとにまとめ，検定ブロック間の葉と葉が接しないように間隔を空けて置くこと。できれば，口絵217のように遮断壁すなわち間仕切りを立ててほしい。

苗が乾燥しないように灌水を怠らないこと。いったん乾燥して葉が萎れると正しく判定できなくなる。また，高温や低温すぎても病徴は現われにくいので，冬や真夏には注意する。ランの栽培者には３～６月または９～11月ごろ検定することをすすめたい。

さらに，鉢の下に流れ落ちる水についても注意すべきである。なぜなら，ORSVは非常に安定であるため，灌水シャワーの圧力によって接種した葉の表面に付着したウイルス粒子が跳ね返ったり，あるいは流水に混じったりして２次感染源になるからである。軟らかい圧力のジョウロなどで灌水することが望ましい。

(6) ウイルス病斑の観察

検定植物は，接種３週間後まで毎日，接種した葉に病斑が現われるか否かを注意深く観察して調べる。ウイルス性の病斑は早いものでは２～３日で現われるので，記録し，ウイルス病と判定された株はなるべく早く鉢ごと温室の外に出して処分すること。接種葉に病斑が現われなかった検定植物については，新しく生長する上葉についても観察する。また，病斑が現われなかったが，検査対象植物の病斑がウイルス病でないかと怪しまれる場合には，もう一度接種検定を行なってみることも必要である。

(7) ランの栽培者にすすめたいウイルス病診断の判定

ランの栽培者にとっては前述したように，ウイルスの種類を同定しなくても，ウイルス病であるかどうかがわかればその予防上からは十分である。なぜなら，それが伝染源とならないように処分できるからである（予防の項参照）。それゆえ，ウイルス病であるかそうでないかの診断であれば，まずアカザ科のアマランティカラーあるいはキノアに汁液接種して病斑の形成を観察する。これらの植物は，ほとんどのウイルスに反応して局部病斑（例：口絵218～220，226，227，234）を現わすので，病斑が現われればウイルス病であると判定できる。もちろん，全身感染して上葉に病徴を現わすものもある（口絵233，235）。

ウイルス病であれば一般に接種後2～3日から2週間までの間に接種葉に局部病斑が現われるが，現われなくても3～4週間は連続して上葉に現われる病徴をも観察する。

ウイルスはその種類によって病原性の発現に違いがあるので，その感染反応の違いを利用していくつかの検定植物に接種し観察すれば，さらに既知のウイルスについてはその種類までも仮判定することができる。第1表にはランに発生するウイルスのいくつかの検定植物の反応をまとめて示してある。例えば，アマランティカラーとチョウセンアサガオに局部病斑を現わし（口絵218～220，222），同時にカシアオキシデンタリスにも黒褐色の局部斑点を生ずれば（口絵221），CymMVと仮判定できる。ツルナやアマランティカラーに明瞭な小さなえそ輪点（口絵225～226），グルチノザとセンニチコウに局部的えそ斑点を生ずるが，タバコに感染しなければORSVと仮判定できる。

ソラマメに全身感染するものでは，モザイクを生じ，アマランティカラーとツルナに局部病斑を生ずるものをポティウイルス属のBYMV，ソラマメに全身えそ，アマランティカラーやキノア（口絵235）に全身感染するものを同属のClYVVと仮判定でき，またアマランティカラー，ツルナ，センニチコウのみに局部感染するものをHaMVと仮判定できる。DeMVは検定植物に感染しにくいので，デンドロビウムの葉の濃淡の境が明瞭に現われる特徴的なモザイク斑に

第1表　各種ラン科植物ウイル

検定植物　　粒子型	棒状粒子				ひも状				
	TRV	ORSV-Ⅰ	ORSV-Ⅱ	TMV	CymMV	CalMV	BCMV	BYMV	ClYVV
アマランティカラー (*C. amaranticolor*)	L	L	L	L	L	L	L	s	S
キノア (*C. quinoa*)	L	L	L	L	L	L	L	L	S
ツルナ	S	L	L	L	L		L	L	L
センニチコウ	L	L	L	L	L	—	—	L	S
ソラマメ	L	—	—	—	—		L	S(M)	S(N)
インゲンマメ	—	—	—	L	—		S*	S	S(N)
カシアオキシデンタリス (*Cassia occidentalis*)		—	—	—	L		—	S	—
タバコ：ホワイトバーレー	S	—	L	S	—	—	L	l	—
グルチノザ	S	—	L	L	—	—	—	l	—
チョウセンアサガオ	L	—	L	L	L	—	—	—	—
キュウリ	L	—	—	—	l	—		—	L

検定植物　　粒子型	ひも状					球　状			
	DeMV	HaMV	SpiMV	TuMV	WMV-2	CMV-Y	CMV-P	CalMMV	CymMMV
アマランティカラー (*C. amaranticolor*)	L^{*}_{*}	L	L	L	L	L	L	—	S
キノア (*C. quinoa*)	L^{*}_{*}	L	L	L	L	L	L	—	S
ツルナ	—	L	—	L	L	L	S	L	—
センニチコウ	—	L	—	L	L	S	S	—	L
ソラマメ	—	—	—	L	S	L	L	—	—
インゲンマメ	—	—		—	—	—	L	—	—
カシアオキシデンタリス (*Cassia occidentalis*)	—	—		—	—	—	S	—	
タバコ：ホワイトバーレー	—	—	—	L	—	S	S	—	—
グルチノザ	—	—	—	L	—	S	S	—	—
チョウセンアサガオ	—	—	—	—	—	L	S	—	—
キュウリ	—	—		—	—	S	S	—	—

よって診断する。

このように検定植物の反応の現われ方によってウイルスの種類を判別するが，接種検定の反応はウイルス病診断の一つの有力な目安となるわけである。その際第1表を判定の参考にされたい。正確なウイルスの同定には，そのほかにウイルス粒子の形態，血清反応，遺伝子解析などが必要である。また，自然界には2種の混合感染が多いので，それも考える必要がある。しかし，ウイルスの種類の目安がつけば，防除のための基礎資料となる。

次に，ウイルスの種類ごとに検定植物の個々の反応の特徴を示す。

スに対する検定植物反応の比較

検定植物　　粒子型	球　状				外膜有球状		弾丸状	
	CarMV	CymCMV	CymRSV	ToRSV	TSWV	INSV	OFV	ColMV
アマランティカラー (*C. amaranticolor*)	L	—	L	S	L	L	L	L
キノア (*C. quinoa*)	L	—	L	S	L	L	S	L
ツルナ	S	—	L		L	—	L	L
センニチコウ	S	—	L	s	L	L	—	—
ソラマメ		—	l	S	L	L	—	—
インゲンマメ		—	S	S*		—	—	
カシアオキシデンタリス (*Cassia occidentalis*)		—		—			—	—
タバコ：ホワイトバーレー	—	—	L	S*	L	—	L	—
グルチノザ	—	—	L	—	L	—	L	—
チョウセンアサガオ	—	—	L	S	—	—	—	—
キュウリ		—	l	S	—		—	—

ウイルス名は別表1または2を参照のこと。
L：局部病斑（接種葉のみに感染），l：接種葉に無病徴感染（ウイルスを検出），S：全身感染（接種した葉以外の上葉に病斑），(M)：モザイク，(N)：えそ斑，s：無病徴全身感染（ウイルスを検出），*：品種により感染反応に違いがあって，感染しない品種がある，—：非感染，無記載は未検定，**：濃縮汁液を接種したとき病斑反応，CMVのYとPは血清型がY型とP型の分離株を示す。

この表は検定植物の種類とその感染反応の組み合わせにより，ウイルスの種類を判別する目安に用いる有益な生物検定法である。またウイルス病であるか否かのみを知りたい診断であれば，アマランティカラーあるいはキノアのどちらか1種類に汁液接種し，その反応を見ることだけでも大方の目的が達せられる（ただし，感染が見られなかったCalMMVとCymCMVを除く）。

(8) 各ウイルスに対する検定植物の反応

①シンビジウムモザイクウイルス（CymMV）

〈全身感染植物〉

多数のラン。

〈局部感染植物〉

アマランティカラー　接種10日後，接種葉にはじめ1mm以下の退緑斑点を生じ，のち周りが赤紫色となる（口絵219，220）。下部の接種した葉では黄化しやすく，その黄色になってきた葉に緑色の斑点が残る局部病斑が現われるのが特徴で（口絵218）判別しやすい。その下部の接種葉は早く落ちやすいが，落下した直後でもまだその緑色斑点が明瞭に見えるので判定基準にできる。全身感染はしない。

チョウセンアサガオ　接種10～14日後に接種葉に褐色のえそ斑点を生ずる（口絵222）。全身感染はしない。

カシアオキシデンタリス（ハブソウの仲間）　接種４～６日後接種葉に黒色のえそ斑点を生ずる（口絵221）。全身感染はしない。

ツルナ　接種10日後に接種した下位葉で黄色しはじめたころ緑色斑点が残る病斑として現われ，さらにその後２～３日たって退緑斑点が現われる（口絵224）。上位の接種した葉には，退緑斑点を生ずる。全身感染はしない。

その他　キノア，センニチコウ（口絵223），フダンソウ（無病徴）。

〈非感染植物〉

タバコ，グルチノザ，クリーブランディ，ソラマメ，インゲンマメなど。

②オドントグロッサムリングスポットウイルス（ORSV）

〈全身感染植物〉

多数のラン。ヒャクニチソウ，分離株によりクリーブランディ。

〈局部感染植物〉

アマランティカラー　接種３，４日後に接種葉に灰白色の小さなえそ斑点またはえそ輪点を生ずる（口絵226）。全身感染はしない。

ツルナ　接種３，４日後に接種葉に１mm大前後の灰白色または淡緑白色の明瞭な輪点を生ずる（口絵225）。全身感染はしない。

グルチノザ　接種葉に灰褐色のえそ斑点を生ずる。全身感染する系統としない系統がある。同属のタバコモザイクウイルス（TMV）も同様の局部病斑を形成するが，TMVによるえそ斑点は多く，ORSVはそれほど多くない。また，その局部病斑はORSVでは接種４，５日後に現われるが，TMVでは早く２日後に現われる。

タバコ（ホワイトバーレイ，サムスン）　感染しないが，TMVは明瞭なモザイクを現わす。しかし，サムスンNNには局部感染する。

チョウセンアサガオ　感染しにくいが，接種葉に局部斑点を生ずる系統がある。局部感染は接種７～12日後にはじめ淡い緑褐色の斑点を生じ，のち淡褐色となる。その斑点数は非常に少なく，また大きさも径１mm以下から３mm大と不揃いである（口絵228)。全身感染はしない。TMVは接種２日後に接種葉に多数の局部斑点を生ずる点でORSVと異なる。

センニチコウ　接種１週間後に接種葉に局部斑点（径１mm以下）を生じ，のちその周りが赤くなる。全身感染はしない。

その他　キノア（口絵227)，フダンソウ，ホウレンソウ。

〈非感染植物〉

カシアオキシデンタリス，ソラマメ，インゲンマメ，キュウリなど。

③キュウリモザイクウイルス（CMV）

〈全身感染植物〉

キュウリ　接種した初生葉（双葉）に径１～２mmの退緑斑点を生ずる。全身感染し，接種10日後ころ上位葉に退緑斑点を生じ，のちモザイクとなる。その後の上位葉では病徴が不明瞭になるものが多い。

タバコ　接種６，７日後に接種葉にはじめ径約２mm大の退緑斑点を生じ，しだいに拡大する。全身感染して，接種７，８日後に上位葉に退緑斑点，のち明瞭なモザイクを生ずる。系統により品種サムスンでは接種葉の上１～３枚目に薄いモザイクを生じたのち，その上部葉にはウイルスが存在しても病徴を現わさないものがある。

グルチノザ　接種10日後ころ接種葉に退緑斑点を生じ，のち薄い灰褐色の斑点となる。全身感染し，はじめ径１～２mm大の退緑斑点を生じ，のち拡大してモザイクとなる。

チョウセンアサガオ　接種５～６日後に接種葉に径１～３mmの退緑斑点を生じ，のち５～７mmに拡大する。退緑斑が拡大ゆ合して２～３重の退緑輪紋となるものがある。全身感染し，はじめ退緑斑点を生じ，のち明瞭なモザイクとなる。

その他　ツルナ，フダンソウ，ホウレンソウ，グルチノザ，センニチコウ，アズキなど。

〈局部感染植物〉

アマランティカラー　接種４，５日後に接種葉に退緑斑点を生じ，その中心が針点状のえそ斑点となり，のち退緑部の周辺が赤紫色になる。全身感染はしない。

ソラマメ　接種４～５日後接種葉に黒色のえそ斑点またはえそ輪点を生ずる(口絵229)。全身感染はしない。

その他　キノア，ツルナ，インゲンマメ（P系統），エンドウ，リョクズなど。

〈非感染植物〉

カシアオキシデンタリス，レッドクローバなど。

④デンドロビウムモザイクウイルス（DeMV）

〈全身感染植物〉

デンドロビウム。

〈局部感染植物〉

アマランティカラー　デンドロビウム葉の摩砕液は粘性があって，汁液感染がしにくい（90ページ「接種する方法」を参照）。しかし，葉汁液を有機溶媒で処理したのち，超遠心分離法の分画により濃縮した液を接種すると，葉が黄化してきたときに退緑斑点として残る少数の局部病斑を生ずる。

〈非感染植物〉

タバコ，グルチノザ，チョウセンアサガオ，センニチコウ，ソラマメ，キュウリ，ツルナ，カシアオキシデンタリスなど。

⑤ランえそ斑紋ウイルス（OFV）

病葉の摩砕液中では短時間で病原性を失うので，92ページで述べたことに注意して接種しなくてはならない。

〈全身感染植物〉

フダンソウ　接種９〜11日後ころ，接種した葉に径１mm大の退緑斑点を生じ，のち黄色斑点となる（口絵232）。また，その斑点の中心がえそ化する。全身感染し，接種葉の上３〜５番目の葉に明瞭な退緑斑点を生ずるが，その上位葉には病徴が見られない場合が多い。

キノア　接種葉に接種後８〜13日目ころ，はじめ径0.5〜0.7mm大の薄い退緑斑点を生じ，やや拡大しながら淡褐色〜褐色の斑点を生ずる。全身感染し，接種後18〜25日目ころはじめわき芽の葉に退緑斑点を生じ，時に葉脈透化症状を呈する。上位葉にも退緑斑点あるいは葉脈透化を生じて湾曲し，また萎縮する（口絵233）。

〈局部感染植物〉

アマランティカラー　接種10〜14日後ころに接種した葉に，はじめ淡い退緑斑点を生じ，のちその中心が淡褐色化したえそ斑点となる局部病斑を生ずる。のちえそ斑点の周りがリング状に赤色化してくる。全身感染はしない。

ツルナ　接種葉に退緑斑点を生ずる（口絵230）。接種後病斑形成までの日数が夏期高温時と冬期低温時とで異なり，６〜９月ころには７〜10日間，11月〜翌年３月ころには11〜18日間を要する。全身感染はしない。

その他　ホウレンソウ，グルチノザなど。

〈非感染植物〉

チョウセンアサガオ，キュウリ，センニチコウ，インゲンマメなど。

以下のウイルスについての反応は主な検定植物にとどめ，検定した範囲内におけるランおよび主な検定植物の反応を全身感染，局部感染，非感染とに分けて述べる。第１表を参照されたい。

⑥サギソウモザイクウイルス（HaMV）

〈全身感染植物〉

サギソウ（*Habenaria*）。

〈局部感染植物〉

アマランティカラー，キノア，センニチコウ，ホウレンソウ，ツルナ。

〈非感染植物〉

カトレヤ系，シンビジウム，デンドロビウム，タバコ，グルチノザ，チョウセンアサガオ，キュウリ，フダンソウなど。

⑦インゲンマメ黄斑モザイクウイルス（BYMV）

〈全身感染植物〉

エビネ類，アマランティカラー，カシアオキシデンタリス，ソラマメ，インゲンマメ（本金時，トップクロップ）など。

〈局部感染植物〉

センニチコウ，ツルナ，キノア，ホウレンソウ，フダンソウ，インゲンマメ(黒三度)，タバコなど。

〈非感染植物〉

チョウセンアサガオ，キュウリなど。

⑧クローバ葉脈黄化ウイルス（ClYVV）

〈全身感染植物〉

エビネ類，アマランティカラー，キノア（口絵235)，フダンソウ，ソラマメ(上位葉にえそ）など。

〈局部感染植物〉

ツルナ，キュウリなど。

〈非感染植物〉

タバコ，チョウセンアサガオなど。

⑨カブモザイクウイルス（TuMV）

〈全身感染植物〉

エビネ類，ホウレンソウ，カブ，レンゲソウなど。

〈局部感染植物〉

アマランティカラー，キノア，フダンソウ，ツルナ，センニチコウ，ソラマメなど。

〈非感染植物〉

キュウリ，カシアオキシデンタリス，インゲンマメなど。

⑩カボチャモザイクウイルス（WMV-2）

〈全身感染植物〉

サギソウ，カボチャ，ソラマメなど。

〈局部感染植物〉

アマランティカラー，キノア，ホウレンソウ，センニチコウ，ツルナ，タバコなど。

〈非感染植物〉

エビネ類，カトレヤ系，シンビジウム，デンドロビウム，ファレノプシス，フダンソウ，キュウリ，カシアオキシデンタリス，インゲンマメ，チョウセンアサガオなど。

⑪エビネ微斑モザイクウイルス（CalMMV）

〈全身感染植物〉

エビネ類，ファレノプシス。

〈局部感染植物〉

ツルナ。

〈非感染植物〉

カトレヤ系，シンビジウム，デンドロビウム，ミルトニア，オンシジウム，センニチコウ，アマランティカラー，キノア，フダンソウ，ホウレンソウ，カシアオキシデンタリス，キュウリ，ソラマメ，タバコ，チョウセンアサガオなど。

⑫シンビジウム輪点ウイルス（CymRSV）

〈全身感染植物〉

シンビジウム，インゲンマメ，グルチノザなど。

〈局部感染植物〉

アマランティカラー，キノア，チョウセンアサガオ，タバコ，ビート，センニチコウ，ツルナ，ソラマメ（無病徴）など。

〈非感染植物〉

ホウレンソウ，メロン，ナスなど。

⑬シンビジウム微斑モザイクウイルス（CymMMV）

〈全身感染植物〉

シンビジウム，アマランティカラー，キノア。

〈局部感染植物〉

センニチコウ，セキチクなど。

〈非感染植物〉

タバコ，チョウセンアサガオ，ソラマメ，インゲンマメ，フダンソウ，ツルナ，キュウリなど。

⑭トマト輪点ウイルス（ToRSV）

〈全身感染植物〉

シンビジウム，アマランティカラー，キノア，センニチコウ（無病徴），キュウリ，トマト，ソラマメ，チョウセンアサガオなど。

〈局部感染植物〉

タバコなど。

〈非感染植物〉

カシアオキシデンタリス，インゲンマメ（ピント），グルチノザなど。

⑮ネジバナモザイクウイルス（SpiMV）

〈全身感染植物〉

ネジバナ（*Spiranthes*）。

〈局部感染植物〉

アマランティカラー。

〈非感染植物〉

タバコ，グルチノザ，チョウセンアサガオ，ツルナ，センニチコウ，ソラマメ，ビートなど。

⑯カーネーション斑紋ウイルス（CarMV）

〈全身感染植物〉

ミルトニア，アマランティカラー，キノア，ツルナ。

〈局部感染植物〉

センニチコウ。

以上のように，アマランティカラーはエビネ微斑モザイクウイルス（CalMMV）とシュンラン退緑斑ウイルス（CymCMV）を除くすべてのウイルスに感染し，局部病斑または全身病徴を現わすので，このアマランチカラーだけを検定植物に用いて汁液接種しても，ウイルス病であるのかそうでないのかの大方の診断ができるというわけである。キノアを用いてもこれに近い診断ができる。

2　電子顕微鏡による診断

ランのウイルスの診断には，電子顕微鏡によって葉や花の細胞内における病原ウイルス粒子の有無を直接観察する方法がある。もう一つには，光学顕微鏡を用いて葉組織の病体変化，とくに細胞内の封入体の形成を観察することによってウイルス病を間接的に診断する方法がある。電子顕微鏡による診断方法は，ランの栽培者にとっては残念ながら設備上困難である。しかし，大学や農業技術センターなどの研究機関には電子顕微鏡の設備があるので，ランの栽培者はそれらの機関に検査を依頼して診断することができる。

この項ではウイルス粒子の形態と観察方法について簡単に述べる。

(1) 電子顕微鏡によるウイルス粒子の観察法

ウイルス粒子は非常に小さくナノメーター(nm)単位であり，光学顕微鏡で個々の粒子を確認することは困難である。したがって，ウイルス粒子を観察し，その形態を知るためには電子顕微鏡（電磁波のレンズで拡大）を必要とする。機能的には50万あるいは100万倍であるが，ウイルス粒子の形態と大きさを知るためには１～３万倍で観察すればよい。粒子の構造を解析するには10万倍あるいは20万倍で行なう。といっても，透過電子顕微鏡は検体（ウイルス粒子）を直接見るものではなく，電子線が物体に当たって透過した影を観察し，また写真撮影しているのである。

ウイルス粒子の形態と大きさを観察する試料の作製方法にはいくつかの方法があるが，ウイルス病の診断を行なうに当たり最も簡単な方法を示しておく。一般によく用いられる技術は，葉の直接浸漬逆染色法である。

①試料の作製と観察方法

i）薬品：PTA　リンタングステン酸　１～２％

UA　酢酸ウラニールアセテイト液　１～２％

OsO_4　四酸化オスミウム　１％

グルタルアルデヒド　６％

PB　M／10　リン酸緩衝液　(pH7.0)

ii）検定葉の切り口から排出するウイルス粒子の観察

ａ．スライドグラスまたはにパラフィルム上にPTA液を１滴のせる。

ｂ．検定葉の切り口をPTA液に漬ける。それには次のいろいろな方法がある。

*葉を約１cm幅の短冊型に切り，その切り口をPTA液にタッチする。

*切り口からの液がよく出るように，切り口にさらに直角にカミソリの刃で切り傷をつくり，その切り口をPTA液に漬ける。

*葉液が出にくい厚さの薄い葉では，まず約１cm幅に切り，それを先からさらに約0.5〜0.7mm幅×10mmの細片に切る。その細片をピンセットでパラフィルム上に２〜３滴落としたPTA液滴に漬ける。この場合には，同様の細片を数個漬けるとよい。

c．パラフィルム上にPTA液を１滴落とし，その中に葉の細片（２〜３mm角または３角片）を入れ，先端を丸めた細いガラス棒で数回押し潰す。カトレヤのような厚肉の葉片は１回押し潰す程度でよく，押しすぎると細胞内物質が多量に出て観察しにくくなるので注意する。

d．肉薄の葉では，スライドグラス上に１〜２滴落としたPTA液の中に５〜７mm角の葉片を入れ，カミソリの刃で切り刻む。

e．ａ〜ｄの試料の液滴上にコロジオン膜をはったグリッドをタッチまたはのせて液滴をグリッドに付着させ，その後破いたろ紙をグリッドの端に直角に当てて余分の水滴を除去する。液滴を除いたグリッドを電子顕微鏡にセットしてウイルス粒子を観察する。

②試料の前固定

ランえそ斑紋ウイルス（OFV）のようなウイルスは，上記の方法では粒子がPTAによって壊れ，ウイルス粒子が観察できなくなる。そこで，実際にはOFV病であるのにもかかわらず陰性またはウイルス粒子不在と見なすことになる。葉にウイルス性病徴が現われていて，上記の方法で粒子が観察されない場合には，次のように固定処理を行なって観察すること。CMV粒子の観察にも同様の方法を適用するとよい。

一次固定として病葉細片（径２mm大）をパラフィルム上に置き，それに２％四酸化オスミウム液を１〜２滴落として軽く擦りつぶし，固定のため５分間置いておく。その場合，換気扇のあるドラフトで，しかもシャーレで蓋をして乾燥を防ぐこと。この液滴の上にコロジオン膜を張ったグリッドをのせ，１

分後にピンセットでグリッドを取り上げて余分な液をろ紙で吸い取り，これに２％リンタングステン酸液または２％酢酸ウラニールにより30〜60秒間逆染色し，電子顕微鏡にセットして観察する。

CMV粒子は，DN法試料のPTA染色で見えるが，壊れかかり，またコントラストが弱くて不鮮明である場合が多いので，あらかじめ葉の小片を１％中性ホルマリン液に１〜２時間ほど浸してウイルス粒子を前固定してからPTAあるいは酢酸ウラニールなどで染色し観察すると鮮明な粒子が見られる。また，古い葉では病徴が明瞭に現われていても粒子が自然に壊れて非常に少なくなるので，できるだけ新しい葉で病徴の若い部分を検査する。

③電子顕微鏡による観察

以上の方法は，直接逆染色法（direct negative stain；ＤＮ法）といい，メタル（PTA）が粒子タンパクの間隙に入る。この試料を電子顕微鏡に設定すると，電子線が粒子を含む試料を透過して観察板（蛍光板）に影として写る。よって，ウイルス粒子は黒い色（PTAにより）のバックグラウンドに明るく浮かび上がった感じに見え，ウイルス粒子が判別される（第２図）。

CymMVやORSVのように多数のウイルス粒子が存在するものでは，診断としては１〜２分で判定でき，ウイルス病であるとの診断は容易にできる。また，ウイルス粒子の形態と大きさによっては，その種類あるいは所属が判断できる。しかし，粒子がなかなか見つからないものがあり，これを１回の観察でただちに健全であると判定することはかなり危険である。

その理由は，試料作製の不良，粒子がごく少ない，粒子が染色試薬で壊れやすい，また試料を採集した葉の選定部位，ランの属により（粘性のあるものでは粒子が試料にのりにくい），検査技術などいろいろの原因で影響されるからである。そこで，ていねいに観察しなくてはならないが，ウイルス粒子が見つからない場合にはメッシュの穴を少なくとも10個ぐらい見るようにしたい。それでも見えないときには，上記のように試料を酢酸ウラニールなどで前固定してから再観察する。正確を期すためには，さらに検定植物へ接種する生物検定を行なうことが必要である。

(2) ウイルス粒子の形状と大きさ

植物ウイルスの粒子の構造については後述する「ウイルスとは何か」の項で説明し，ここではランに発生するウイルス粒子の大きさと形状を属別に簡単に記述する。第２図にはそれらウイルス粒子の電子顕微鏡像を示してある。

タバコ茎えそウイルス（TRV　*Tobravirus*属）：長短２種。長粒子の長さ約193nm，短粒子の長さ65nm，幅約24nmの直線形の棒状。

オドントグロッサムリングスポットウイルス（ORSV *Tobamovirus*属）：長さ約300〜320nm，幅約18nmの直線形の棒状。葉の中に多数で形成されるので，容易に検出される。

シンビジウムモザイクウイルス（CymMV　*Potexvirus*属）：長さ約475nm，幅約13nmのややカーブしたひも状，葉の中に多数形成されるので，容易に検出される。

エビネモザイクウイルス（CalMV　*Carlavirus*属）：長さ650〜680nm，幅約12〜13nmのひも状。

ポテイウイルス属（BYMV，CalMMV，ClYVV，DeMV，HaMV，SpiMV，TuMV，WMV-2　*Potyvirus*属）：長さ約750nm（CalMMVは764nm），幅約13nmのひも状。

デンドロビウム葉脈えそウイルス（DVNNV　*Closterovirus*属）：長さ約1865nm，幅約11〜12nmの長いひも状。植物ウイルスのなかで最も長い属のひも状の粒子である。葉中には低濃度であり，DN試料の観察では少数の粒子が発見される。

キュウリモザイクウイルス（CMV　*Cucumovirus*属）：径約28〜30nmの球状。４種のRNAが３つの粒子に分節しているが，粒子の形状は同形である。

カーネーション斑紋ウイルス（CarMV　*Carmovirus*属）：径約28nmの球状。

シュンラン退緑斑ウイルス（CymCMV　*Sobemovirus*属）：径約28nmの球状。粒子は観察しやすい。

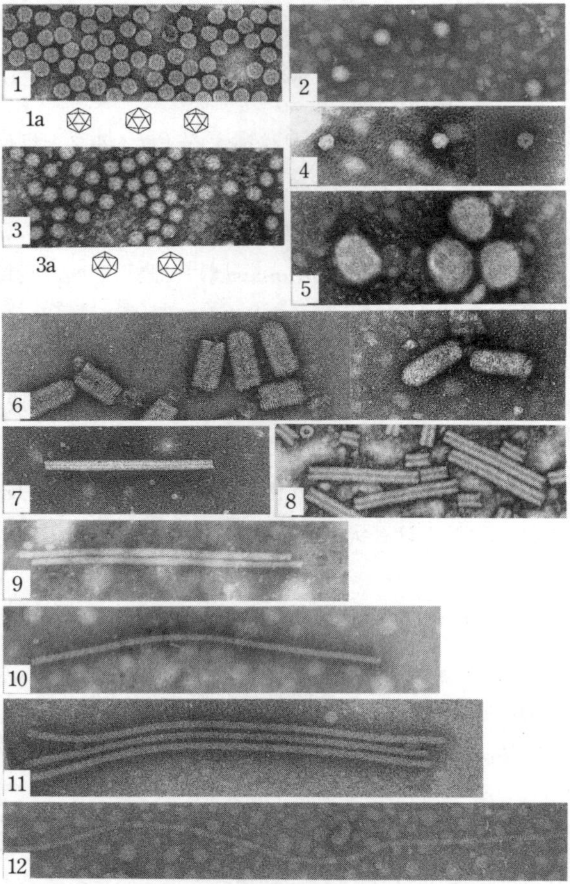

第2図　ラン科植物ウイルス粒子の電子顕微鏡像

1：ブロモウイルス科　ククモウイルス属（CMV）．1a：3粒子分節ゲノムを示す（ウイルスゲノムが3粒子に分節）。2：トンブスウイルス科カルモウイルス（CarMV）。3：コモウイルス科　ネポウイルス属（TRSV；ToRSV）。3a：2粒子分節ゲノムを示す（ウイルスゲノムが2粒子に分節）。4：ソベモウイルス属（CymCMV）。5：ブンヤウイルス科　トスポウイルス属（TSWV）。6：植物ラブドウイルス（属未定，OFV）。7：トバモウイルス属（ORSV）。8：トブラウイルス属（TRV）。9：ポテックスウイルス属（CymMV）。10：カーラウイルス属（CalMV）。11：ポティウイルス属（ClYVV；BYMV，DeMV，TuMV，HaMV，SpiMV，WMV-2など同形）。12：クロステロウイルス属（DVNV同類）。スケール：100ナノメーター（nm）

シンビジウム微斑モザイクウイルス(CymMMV *Carmovirus*属）：径約28nmの球状。

シンビジウム輪点ウイルス(CymRSV *Tombusvirus*属）：径約30nmの球状。

トマト輪点ウイルス（ToRSV *Nepovirus*属）：径約28nmの球状。２種の粒子からなる。

トマト黄化えそウイルス(TSWV *Tospovirus*属）：径約85nmの被膜をもつ球状。

ランのえそ斑紋ウイルス（OFV　属は未決定）：長さ105〜120nm，幅約45nmの繭形，弾丸形。

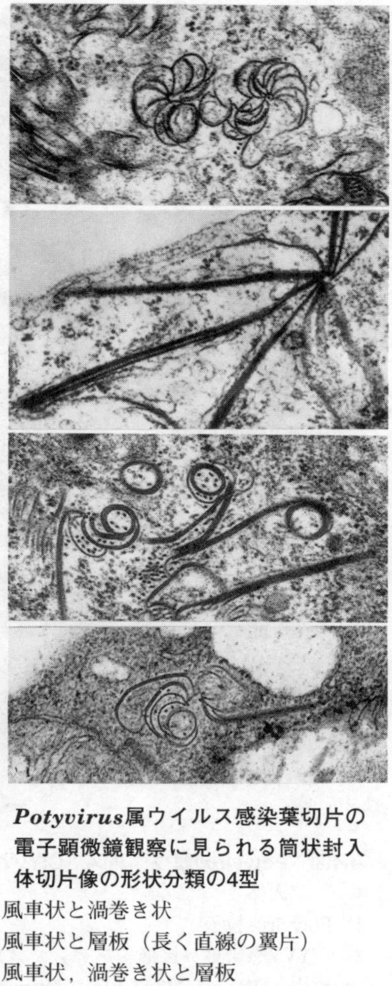
Ⅰ型
Ⅱ型
Ⅲ型
Ⅳ型

第3図　*Potyvirus*属ウイルス感染葉切片の電子顕微鏡観察に見られる筒状封入体切片像の形状分類の4型

Ⅰ型：風車状と渦巻き状
Ⅱ型：風車状と層板（長く直線の翼片）
Ⅲ型：風車状，渦巻き状と層板
Ⅳ型：風車状，渦巻き状と湾曲層板（翼片が少し広がって湾曲したものと層板）
Ⅱ型にはさらに第４図に示したような菱形の結晶性封入体が形成される

(3) 細胞内封入体の形成と観察

ウイルス感染細胞内に，健全細胞には見られない構造物(X-body)が形成され，これらを封入体(inclusion body)という。この封入体は光学顕微鏡でも認められるが，ポティウイルス属のウイルスが感染した組織の超薄切片の電子顕微鏡像には，細胞内にいろいろな形状の封入体が見られる(第３，４図)。それらの構造と名称は次の通りである。なお，第３図は

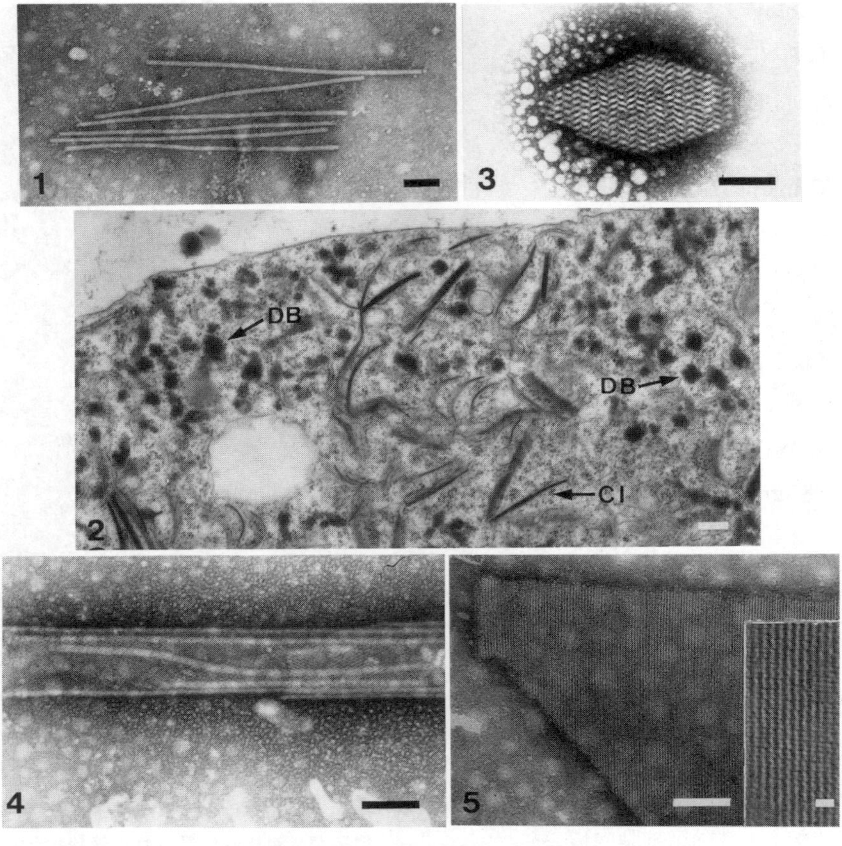

第4図　Potyvirus属ウイルス（ClYVV，BYMVなど）の感染葉細胞に形成された封入体

1：Potyvirus粒子

2：ClYVV感染葉（接種インゲンマメ）の電子顕微鏡切片像（CI：風車状封入体の翼片，DB：結晶性封入体（dense body）

3：葉粗汁液中に見られる結晶性封入体（DB）

4：葉粗汁液中に見られる筒状封入体（第3図Ⅰ，Ⅲ型の筒状体）

5：葉粗汁液中に見られる平板状封入体（上記2および第３図Ⅱ～Ⅳの層板状封入体の翼片）。平板状の翼片には平行線状構造が見られる

スケールの長さ：1，3～5＝100nm，2＝250nm

封入体の形状をEdwardsonら（1978, '84）がⅠ～Ⅳ型に分類したものである。

風車状封入体（pinwheel inclusion）：筒状封入体の断面が風車状に見える(第3図Ⅰ型)。

層板状封入体（laminated inclusion）：風車状封入体の翼片がいくつか重なって，その断片が層板状に見える（第3図Ⅱ～Ⅳ型，第4図5）。

束状封入体（bundle inclusion ）：風車状封入体の翼片が直線状に長く，またその断片がいくつか重なって見える（第3図Ⅱ，Ⅲ型)。

渦巻き状封入体（scroll inclusion）：風車状封入体の翼片の断片が輪状または渦巻き状に見える（第3図Ⅰ，Ⅲ型)。その封入体の縦の断片が筒状（tuber）に見えるものがある。

筒状封入体（cylindrical inclusion）：上記のいろいろな風車状封入体全体の立体像（第4図4）。

結晶性封入体（crystalline inclution＝DB）：第3図のⅡ型の封入体を形成するウイルスの種類の中には超薄切片像の細胞質内に4～6角形の電子密度の高い封入体(DB)の形成が見られる（第4図2）。このタイプの封入体は病葉汁液試料を電子顕微鏡で観察すると第4図3のような菱形の形状をしている。

(4) 光学顕微鏡のウイルス診断への応用

光学顕微鏡は，光を当てた検体の表面あるいは光を透過させ，それをレンズで拡大して直接目で観察するものである。ウイルスはタンパク質と核酸（DNAまたはRNAの一方）からなっている。このタンパク質はAzur染色，核酸はOrangeとGreenで染色し，そのどちらかを光学顕微鏡で観察するもので，アメリカのフロリダ大学のChristieら（1986）が開発した診断法である。しかし，光学顕微鏡はその倍率上，ウイルス粒子を直接見ることができないが，細胞質内にウイルス感染によって形成される異常構造，すなわち封入体の形成有無を観察することに用いられる。この封入体の形態はウイルスの種類によって異なり，またできるものとできないものとがある。この方法はウイルスの種類を判別するものではなく，一部の種類のウイルス病であるかないかの診断にはおおいに役だつ。封入体の見えなかった試料については，つぎに電子顕微鏡検査または生物検定を行なえばよいことになる。

診断法としてChristieらによれば，例えばAzur Aで染色したとき，細胞内に紫色をした帯状または長形の封入体が見られるとそれはCymMVである。また，細胞壁に三角錐の封入体（管状封入体；切片像による風車状封入体の原型）が見られると，ウイルスの種類は判別できないが，ポティウイルス属であることが判定される。さらに，葉肉細胞に紫がかった中空の六角形封入体が見られるとCMVまたはそのグループのウイルスである。OrangeとGreenとで染色したとき，細胞内に緑色で平板上の封入体が見られるとORSVである，といった具合に診断する（詳しくは省略する）。

3　血清反応法を用いた診断

人間の病気の予防に用いられているワクチンの原理を応用して，植物ウイルスを検出し，また種類を同定することができる。この技術は，ウイルス粒子のような抗原と抗血清内に含まれている抗体との反応によってできた凝集を観察するものである。この凝集反応は，抗血清の作製に抗原として供与したウイルスとのみ特異的に反応するもので，ウイルスの種類を確実に同定するため，あるいは血清学的に近似のウイルスであることを知るために用いられる。すなわち，例えばCymMV抗血清を用いて反応すれば確実にCymMVであることが診断できる。しかし，CymMV抗血清はほかのウイルス粒子と反応しないので，CymMV抗血清を用いただけではCymMV病以外のウイルス病についての診断ができないといった欠点がある。

血清反応試験は簡単であるが，抗血清を作製することが複雑である。ウイルスを植物葉から純粋に取り出すために純化しなくてはならない（純化法はここでは省略する）。宿主成分の混じりのない純化したウイルスを動物，多くは家兎に注射してウサギを免疫にし，血液中に抗体を産生させて血液を取り出し，その中の血清を分離して抗血清として用いる。オランダでは，官民共同出資に

A　B　C

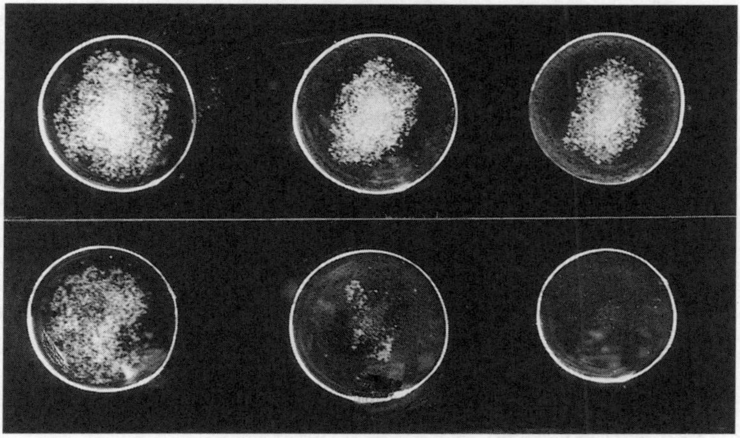

a　b　c

第5図　葉粗汁液を用いた血清反応試験

血清：CymMV抗血清。ラン：*Cymbidium*
抗原：A，a：CymMV病葉粗汁液，B，b：健全葉粗汁液
C，c：ORSV病葉粗汁液
抗原試料の作製法：A～C：２重ガーゼでこした粗汁液，a～c：上記粗汁液をろ紙No.1でろ過した粗汁液
結果：CymMV抗血清を用いているので，Aとa抗原のみに凝集反応が見られるべきところ，B，C，抗原にも擬似沈殿物を生じ血清反応と間違う。これは葉粗汁液をろ紙（No.2がよい）でろ過して用いることによって擬似凝集（b，c）がなくなる

よるウイルス診断研究所があり，そこに農家から植物検体を持ち込み，血清反応による診断を行なって成果をあげている。

次に，ウイルス病診断のための実用的な血清反応の方法を示す。

（1）抗血清の準備

抗血清は，日本では植物防疫協会で，また外国でもアメリカなどの財団でキッドとして販売している。もちろん，植物ウイルスの研究を行なっている大学や農業技術研究センターなどでは，研究用ウイルスに対する抗血清を作製して保存している。

第2表　ガーゼろ過，ろ紙ろ過および遠心分離によって得られた粗汁液の微凝集反応

抗血清	試料汁液	ガーゼろ過(2重)	3000rpm遠心分離上澄液	ろ紙によるろ過(東洋ろ紙　No.1～4)およびろ過分画(1～4)										
				No.1				No.2		No.3		No.4
				1	2	3	4	1	2	1	2	1
CymMV-s	CymMV病葉	++++	++++	++++	++++	++++	++++	++++	++++	++++	++++	++++
	ORSV病葉	(+++)	−	−								
	健全葉	(+++)	−	(++)	−	−	−	−	−	−	−	−
ORSV-s	ORSV病葉	++++	++++	++++	++++	++++	++++	++++	++++	++++	++++	++++
	CymMV病葉	(+++)	−	−								
	健全葉	(+++)	−	(+)	−	−	−	−	−	−	−	−

ろ過分画1～4はろ液を0.5mlあて分画して得た試料の採取順位を示す。凝集反応は＋～++++（多）で示し，－は肉眼観察で凝集沈降物がない。（　）内は抗原抗体反応ではなく葉汁液中の細胞物質の擬似凝集（肉眼的には凝集反応に類似；第5図B，C）を示す。

(2)　検定葉汁液の作製

ランの種類によっては，簡易血清反応法で葉を摩砕したままの汁液を抗血清と混ぜると擬似凝集が起こり，抗原抗体反応でなくても血清反応と間違って診断することがある。例えば，シンビジウムでは，葉を摩砕しガーゼでこしただけの粗汁液を血清検定に用いると，ウイルスのかかっていない健全株であっても肉眼的に血清反応類似の凝集物を多量に生じ（第５図Ｂ，Ｃ），血清反応と間違うことがある（第２表）。これを避けるために，摩砕粗汁液を簡単には東洋ろ紙No.2またはNo.3でろ過して用いるとそのような誤診が避けられる。もちろん遠心分離（3,000rpmで５～10分）して用いてもよい。抗原分析には純化したウイルスを用いなくてはならない。

(3)　血清反応の簡単な診断方法

①スライド法

非常に簡単な方法で，すばやくウイルスが検出できる。スライドグラスの上に抗血清を１滴落とし，これに検定したい病葉汁液を１滴加え，両液を爪楊枝または先を丸めた極細のガラス棒で軽く混ぜる。検査葉汁液中に抗血清に対応したウイルスが存在すれば凝集が起こり，肉眼で容易に見ることができる。対照として抗血清以外に，生理食塩水と葉汁液との混合も行なう。スライドには，以下に示すホルムバール膜を張ったものを用いるとやりやすい。

②微滴法（微沈降法）

スライドの代わりにペトリー皿を用いる。底の平らなペトリー皿にホルムバール液（クロロホルムにpolyvinyl formvarを１％溶解）を流してただちに捨てると底に膜ができる。この膜は疏水性なので，この上に抗血清や抗原液滴を置いても広がらない。ペトリー皿を方眼紙（８×８mm角に書いたもの）の上に置いて，各方眼のなかに抗血清（力値に応じて薄めたもの）の小滴を置いて並べる。抗血清の小滴に検査葉汁液を１滴加え，爪楊枝で軽く混ぜる。小滴が乾かないように皿の一方から静かに流動パラフインを注ぎ込み，反応滴の上を覆う。これは反応検液の蒸発を防ぐためと，混合液の周りにわた状沈殿のできるのを防ぐためである。これを30～35℃の低温器に置くか，夏であれば室内に置いてもよく，30分してから20～50倍の暗視野顕微鏡で観察する。よく反応するときには肉眼でも凝集反応が容易に見える（口絵236）。

この方法で実際にシンビジウムについて検査した結果と，それと同時に行なった前述の電顕によるウイルス粒子の観察と生物検定結果との比較例を第３表に示す。葉に症状が見られず健全と思われたものでもORSVが検出されている。簡単なこの微滴法によってもCymMVまたはORSVの診断に有効であることが認められる。

③プラスチック容器法

反応容器としてプラスチック製（径６mmの平底の穴が横12列，縦８列並ぶ組織培養用容器）の１穴に抗血清と抗原を各0.025m*l*ずつ入れて混合する。乾燥を防ぐためにその上に流動パラフインを0.03m*l*滴下して，「微滴法」の方法により30分間ほど反応させた後暗視野顕微鏡で観察する。

第3表　シンビジウムにおけるCymMVとORSVの血清反応，電顕観察，生物検定による診断

検査時の葉の病徴による判別	検査株数	ウイルスの検査法および検査結果			
		ウイルス	血清反応	電顕観察	生物検査
無病徴	75	CymMV	0	0	0
		ORSV	9	9	9
		—	66	66	66
CymMV	12	CymMV	12	12	12
		ORSV	1	1	1
		—	0	0	0
ORSV	19	CymMV	0	0	0
		ORSV	19	19	19
		—	0	0	0
判別不明（症状有）	14	CymMV	1	1	1
		ORSV	3	3	3
		—	11	11	11
計	120	CymMV	13	13	13
		ORSV	32	32	32
		—	77	77	77

—：健全株またはCymMVおよびORSV以外のウイルスが含まれる。
病徴からCymMVと判定されたものおよび判別不明の症状株のなかには，CymMVとORSVの混合感染が２株見られる。

④寒天ゲル内二重拡散法

寒天ゲル内で抗原と抗体を拡散させて反応が起きるかどうか，すなわち白色の沈降線の有無を観察する方法である。これはウイルスが血清学的に同種か，一部同種であるかまたは全く別種であるかを調べ，ウイルスの分類あるいは診断に役だたせるための試験である。

さらに，ウイルス粒子の抗原性（反応物質）が同じであるかどうか，抗原の大きさ，また異種抗原の存在があるかないかなどの解析にも用いる。しかし，この方法は球状粒子や棒状粒子のORSVは寒天内を拡散するので試験できるが，CymMVより長いひも状粒子やOFVのような大きい粒子の試験には拡散が困難であり，このようなウイルスには向かない試験である。

＜試験方法と判定方法＞

寒天を１％ドデシル硫酸ナトリウム液（Sodium dibutylnaphthalense sulphanate，ＳＤＳ寒天）または１％アジ化ナトリウムを含む0.05％トリスー塩酸緩衝液（pH8.0）に，濃度0.8％の寒天（Agar Noble, Difco Lab）を添加溶解したゲルを用いる。寒天は食塩水または緩衝液に0.6％溶解したものでもよい。アジ化ナトリウム（5,000倍）は細菌の繁殖を防ぐために用いるが，劇薬であるため一般に使用困難である。この寒天ゲルを加温して溶解し，ガラス板またはペトリー皿に３mmの厚さに流す。固まった寒天層に径３mm大の円孔を第６図のように中央に１個，周囲に６～８個つくる。中央の孔に抗血清を，外の孔に検査葉汁液（試験目的によりウイルス純化液）を入れて蓋をし，35℃前後の恒温器内に置く。抗原（この場合ウイルス粒子）と抗体は互いに孔から四方に拡散し，２～６日後には抗血清を入れた中央の孔と検査葉汁液を入れた外の孔との中間で接触して抗原抗体反応が起きる。その反応は第６図にみられるように白色の沈降帯として肉眼で容易に観察される。

隣の穴に接する２つの抗原が同じであれば，同一抗体に対して沈降帯は完全にゆ合する（第６図②ＤとＹ間）。その隣接の抗原間の沈降帯が部分的にゆ合するほかに，そのゆ合線を越えて分枝（スパー）と呼んでいる沈降帯が形成される場合がある。この分枝が形成されると，両者のウイルスには共通抗原以外に一方のウイルスに一部異種抗原が存在することを示すことになる（第６図②ＤまたはＹとCal間）。隣接する抗原の両方の沈降帯に分枝ができて互いに交叉する場合には両者にそれぞれ一部異種抗原が存在することになる。抗体とウイルスタンパク質が全く異なればなにも生じない。

⑤免疫電子顕微鏡法

血清反応の特異性を電子顕微鏡により観察する方法である。すなわち，抗原抗体反応を直接電子顕微鏡で観察すると，棒状またはひも状のウイルス粒子では粒子の表面に多量の特異抗体が付着して粗面となり，また幅が少し広くなっ

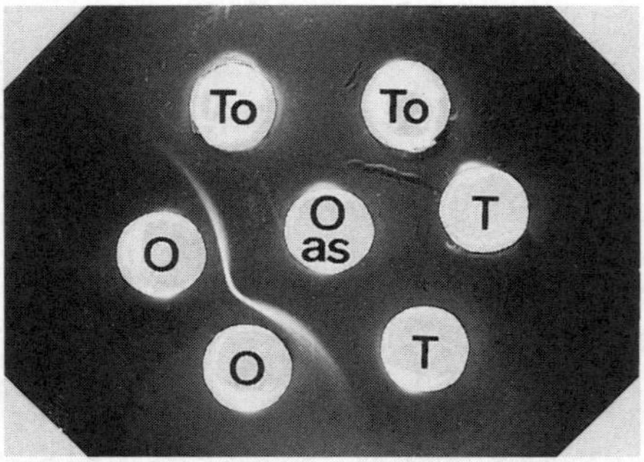

①ORSV抗血清使用の例

血清：中央の穴にORSV抗血清（O as）（100倍希釈）

抗原ウイルス：O＝ORSV，T＝TMV，To＝トマトモザイクウイルス（ToMV）

結果：ORSVには反応帯が見られたが，ToMVとTMVには反応帯が見られなかった

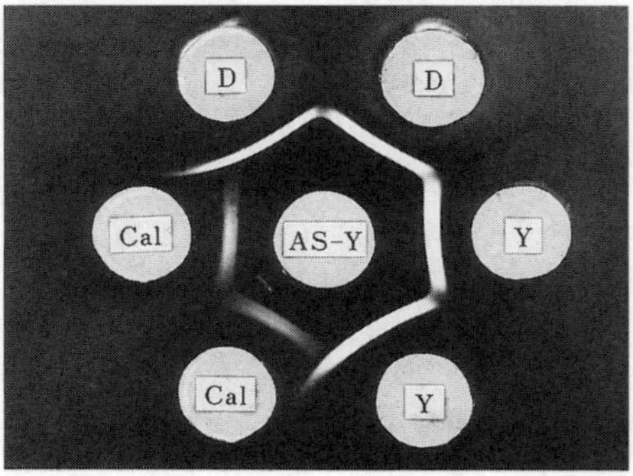

②CMV抗血清Y型使用の例

血清：中央の穴にCMV抗血清Y型（AS - Y）

抗原ウイルス：D＝デンドロビウムから分離したCMV

Y＝CMV - Y系統，Cal＝エビネから分離したCMV

結果：DはCMV - Y系統，CalはCMV - P系統

DおよびYの沈降帯は完全にゆ合し，DとCal，YとCalの間には一方に分枝が生じている

第6図　寒天ゲル内２重拡散法による血清反応試験

てコントラストが低下し，球状のウイルスでは凝集して大小さまざまな集団が見られる（第７図）。この粒子の表面に抗体が付着する状態をハロー現象と呼んでいる。

この観察の利点は，同形粒子の２種のウイルスが混合感染していることが判別でき，またウイルス粒子の少ないときや抗血清をかなり薄めても診断できることである。さらに，電子顕微鏡観察のDN法と併用して観察できる。異種抗体の間，すなわち他種のウイルス粒子にはこの現象が起きないからである。

＜試験手順＞

パラフィルム上に抗血清（10～100倍）を１滴落とした上にメッシュをのせ，湿室（シャーレなどで蓋をして乾燥を防ぐ）に置いて３～５分間放置。リン酸緩衝液15～20滴で洗浄。それをパラフィルム上で葉細片をリン酸緩衝液でつぶした液滴にのせ，10〜15分間25〜35℃に保ってウイルス粒子をメッシュ上の抗血清に吸着させて捕らえる。リン酸緩衝液20滴で洗浄。ただちに抗血清滴の上にのせて10〜15分間反応させる。上記緩衝液で洗浄，さらに純水で洗浄。これを前記酢酸ウラニールまたはPTA液滴にのせて1分間染色する。ろ紙の破片で余分の液を吸い取り，1〜2分乾かして電子顕微鏡にセットして観察する。球状の粒子では，最初抗血清をのせないメッシュに葉片液をのせ，さらにその上に抗血清液を加えて反応させた場合でも上記凝集集団が見られる。

簡易法として，パラフィルムの上に検査葉片を置き，その上に力価に応じて薄めた抗血清を1〜

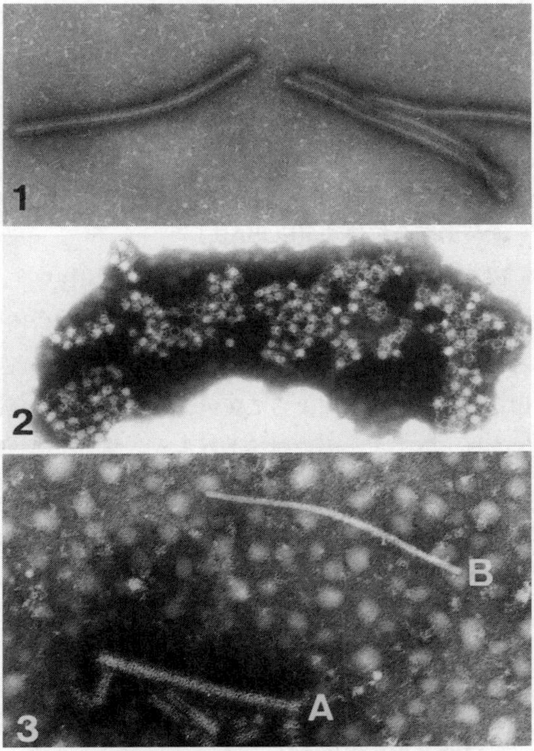

第7図　血清反応をおこしたウイルス粒子の電子顕微鏡観察像

1：TuMV抗体によるTuMV粒子の映像。抗体が粒子の表面に付着しハロー現象が見られる（正常粒子は第2図を参照，以下同）

2：CMV抗体によるCMV粒子の映像。抗体が粒子の表面タンパクと反応し，さらに多数の粒子を凝集してウイルス塊となる

3：ORSV抗体によるORSVとCymMV粒子の反応の映像。ORSV粒子（A）は反応陽性でハロー現象が見られ，CymMV粒子（B）は反応が陰性

2滴落として細いガラス棒で軽くつぶし（DN法と同じ），その液の上にコロジオン幕を張ったメッシュをのせ，30℃で15分間ほど反応させたのちろ紙の破片で液を吸い取り，さらにPTA液上にのせて1分間ほど染色し，余分の液をろ紙で吸い取ってから電子顕微鏡で観察する。

⑥酵素結合抗体法（ELISA法）

ELISA法は医学ばかりでなく現在では植物ウイルスの研究や診断に広く用いられている。これは，抗体が抗原を捉えた複合体に酵素結合抗体を加えて抗原と結合させる。これに酵素基質を入れると，ウイルスに感染した試料であれば，用いた酵素の種類によって黄色，緑あるいは褐色に変色する（口絵237）。この方法は，寒天ゲル内拡散法よりももっと完全に診断できる。しかし，この方法を行なうにはいろいろの手順が必要である。また，この原理を応用した方法にはいろいろあるが，普通にはDAS - ELISA法が用いられている。この方法は検体が非常に多数ある場合には威力があり，オランダではウイルス診断研究所で，農家から持ち込まれる数百万点の野菜や花卉園芸植物の標本をELISA法で検定している。

⑦迅速免疫ろ紙検定法

Tsuda, S.ら（1992）が開発したこの方法は短冊形の小さなろ紙を用い，その浸透性を利用して抗原と抗体を結合させ，その反応を着色によって肉眼検定するもので，ろ紙に浸透する短い時間で迅速に判定できる簡便な方法である。

その方法は，Whatman glass ろ紙8 cm×0.5cmの一端から1.5cmの部位に第8図のように抗体感作白色ラテックス（ラテックスに抗体を吸着させたもの 10μl）を吸着させ，室温で乾燥させる。検定粗汁液または純化ウイルス液を0.1Mリン酸緩衝液, pH 7.0（0,1%2-mercaptoethanol, 0.01M disodium ethylenediaiminetetraacetate, 0.1% BSAおよび0.15% polyvinyl pyrrolidoneを含む）に溶かす。先のろ紙の一端をその検定液に1分間漬けて展開させると，ウイルス粒子が存在するならば前記抗体感作白色ラテックスにウイルスが結合する。それから再び抗体感作着色ラテッ

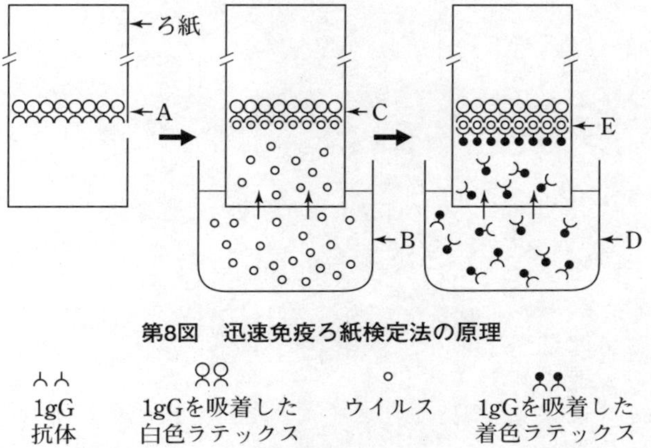

第8図　迅速免疫ろ紙検定法の原理

A：ろ紙に吸着させた抗体感作白色ラテックスの固相
B：ウイルス液の展開
C：抗体感作白色ラテックスにウイルスが結合
D：抗体感作着色ラテックスの展開
E：Dの抗体感作着色ラテックスがウイルスを吸着しているCの抗体感作ラテックスと結合

クス（例えば，CymMV用にはピンク色，ORSV用には青色を用いる）に２分間漬けて展開させると（第８図），抗体感作着色ラテックスが前者の抗体感作白色ラテックスに結合しているウイルスと結合し，そこでピンクまたは青色のバンドが見える（口絵238）。この場合ではピンク色ならばCymMV，青色ならばORSVに感染と判定され，何も着色がなければCymMVあるいはORSVではないと判定される（口絵238）。

この試験では用いた抗血清に対応したウイルスの種類についてのみ診断できるものであって，上記の実験例ではCymMVとORSV以外のウイルスの判定はできない。すべてのウイルスを完全に診断するためには，それぞれのウイルスの抗血清を用いなくてはならない。すなわち，抗血清があるものについてのウイルスの診断が簡単にできるということである。

第3章

ウイルスの伝染と防除方法

ランがいったんウイルス病にかかると，残念なことに農薬を散布して治療することができず，永代までもウイルス病のままである。したがって，ウイルス病の防除を一口でいえば，伝染源の除去とかからないように予防することである。

自分の栽培ランをウイルス病から守るためには，めんどうであっても栽培管理の一つ一つの作業でウイルス病にかからないようにていねいに辛抱強く努力することが大事である。それなくして，ウイルス病のないランを栽培することはできないことを知らなくてはならない。では，ウイルスに感染しないようにするにはどのように対処すればよいか。これを完全に実施するためには，まずウイルスの伝染方法とそれぞれの性質などの基礎知識を十分知っておくことが大切である。その知識があれば，次に示す具体的な予防法がよく理解でき，また手落ちのない予防対策がとれることになる。

1　ウイルスはどのように伝染するか

植物のウイルス病は一種の伝染病である。しかし，カビの病気や人のインフルエンザウイルスのように空中を飛散して伝染するようなことはほとんどないといってよい。では植物に発生するウイルスはどのようにして伝染するのか。主な伝染方法をあげると，接触伝染（汁液伝染），虫媒伝染，種子伝染，土壌伝染および接ぎ木伝染などである。しかし，ランは多年生植物であり，植え替えしながら永年にわたり鉢栽培するといった特殊な事情もあって，ランのウイルス病の伝染は栽培管理上の接触伝染と虫媒伝染とが主であるといってよい。

(1) 株分けや移植時における接触伝染

鉢栽培のランは，生長の過程で普通２～４年ごとに株分けや植え替えがくり返される。そのとき古い植え込み材料を取り除いたり，古い根や枯れた根を切り取ったりして，新しい植え込み材料を加える作業が行なわれる。すなわち，手がランの根にふれることになる。根はまた非常に傷つきやすい。病株の根を調べてみると生長旺盛な淡緑色の先端部まで多量のウイルス粒子が含まれている。したがって，株分けや移植の作業時に折れたり切れたりした根の傷口から，あるいは古くなって壊れやすくなった根などから多量のウイルスが露出するので，作業した手指やナイフ，ハサミ，ピンセットなどの用具および作業台に多量のウイルスが付着することになる。そのことによって多数のランを連続して株分けや移植作業を行なった場合，そのなかに１株でもウイルス病株が存在すると，その後次々と取り扱った新しいランにウイルスで汚染された指がふれ，また用具の接触によって容易に移される。汁液接種もこれと同じ伝染である。このような伝染のし方を接触伝染といっている。

ランの根はまたウイルスに非常に感染しやすく，ウイルスに汚染された手指でふれるだけでも容易に伝染することが実証されている。ランは古くは株分けのみによって増殖していたので，古くから栽培されているカトレヤ系やシンビジウムにウイルス病，とくにCymMVやORSVの発生が多かったのは，ウイルス病の知識が全くなかった時代に，このような株分け時の接触伝染によるものが多かったことによる。

このような作業時における接触伝染は，ランのウイルス病のすべてに該当するものであり，これがウイルス病発生率の高い理由の一つである。

(2) 虫媒伝染

ウイルスはいろいろな昆虫によって媒介される。これを虫媒伝染といっている。しかし，すべてのウイルスが虫媒伝染するわけではなく，ウイルスの種類によっては移されるものとされないものとがある。また，ウイルスの種類によって媒介虫が異なる。ランに発生するBYMV, CMV, CalMMV, ClYVV, CymMMV, DeMV, HaMV, SpiMV, TuMV, およびWMV-2はアブラムシによって媒介される。OFVはオンシツヒメハダニ（口絵240）によって媒介される。TSWVはアザミウマによって，またTRVはセンチュウによって媒介される。しかし，ランに発生がとくに多いCymMVやORSVは昆虫によって媒介されない。ランのなかには日本に自生するエビネやウチョウラン（未同定であるがポティウイルス属の１種の発生を確認している，口絵191，192）などのように屋外でも栽培するものや，洋ランでも夏には温室の窓をあけたり外に出して栽培するものがあり，前述のような媒介虫が飛来して葉や花に着生し加害するチャンスが多い。

アブラムシは，シンビジウムやカトレヤ系のような硬い葉を加害することは少ないが，花，蕾，花茎には容易に着生して加害する。また，エビネ類の葉にも着生しやすい。植物の葉や花などに着生したアブラムシは口針（stylet）を差し込んで汁液を吸って生活している。アブラムシは交尾をしなくても胎生の仔虫（雌）を，モモアカアブラムシでは１日５～６匹産む。また，集団を形成するが，その仔虫が多く産まれてコロニーの密度が高くなると，その後産まれてくる胎生虫には羽があるものが出現するようになり，その羽化虫が新しい生息地の株を求めて飛んで移り生活する。１年を通じていろんな植物に移って着生し加害する。そのとき隣接の植物ばかりでなく遠くの植物にもウイルスが移されることになる。アブラムシは胎生虫を次々と産んで増殖するが，冬になると寒冷地では雄が産まれて有性生殖により卵を産むことがあり，その卵で越冬するといった生活環をもっている。

では，アブラムシはどのようにしてウイルスを移すのか。アブラムシが病葉を吸汁して口針を抜くと，その口針の外側に多数のウイルス粒子が付着している。その直後健全な植物に移って口針を組織に差し込んだときウイルス粒子が注入されて感染する。アブラムシは，病葉を10～30秒の短い時間吸汁するだけでウイルスを獲得できるし，またウイルスを獲得したアブラムシは健全な葉を10～30秒間吸汁するだけでもウイルスを移すことができる。病葉を30分間以上吸汁し続けると移しにくくなり，また健全植物に移ってから２時間以上も吸汁していると，そのアブラムシはウイルスを移す能力を失ってしまうことが多い。このような伝染方法を非永続的伝搬（口針型伝染）といっている。これに対しウイルスの伝染型には永続的伝搬（ウイルスが体内で増殖し，その虫の一生にわたって伝搬し続ける）があるが，ランに発生するウイルスのアブラムシの伝染型は現在口針型伝染のみである。したがって，アブラムシの発生を見つけたとき，もしそれが病株から飛来したものであれば，ウイルスがすでに移されている確率が高いことになる。

TSWVはアザミウマによって移されるが，アザミウマは成虫よりも幼虫のほうが伝搬しやすいものが多い。

ウイルス病を防除するとき，どのウイルスがどの昆虫によって，またどのような伝染様式で移されるかを知っておくことが，非常に大切である。

(3) 切り花時における用具の汚染による伝染

病株の切り花に用いたナイフやハサミには切り口からの汁液が付着する。その汁液には多量のウイルスが含まれているので，それをそのままの状態でただちにほかの健全なランを切ると，ウイルスが切り口の細胞に付着し移される。しかし，切り口が早く乾いたりえ死したりするような組織では，その部分でウイルスの感染や増殖移行が阻止されるので，高率の発病は見られないが，低率（テストではカトレヤで30%程度）でも移ることには間違いない。ウイルス病を予防するために，このような用具の消毒が必要である。

(4) 根の水洗時の溜め水による伝染

株分けや移植時には根を洗浄することが通常よく行なわれている。その水洗に当たり，盥（たらい）や桶などの溜め水で根や，幼苗では株全体を洗浄することが多い。そのとき，取り扱う株のなかに病株が１本混じっているだけでも，その病株から多量のウイルス粒子が露出して水が汚染される。その後，その水で次々と洗浄した株にはウイルスが根を通して高率に移される。これは，ランの根は非常に感染しやすいことによるのである。

あるランの栽培者の温室で，シンビジウムの多数の小さな実生苗を植え替える際に，用具は消毒しているにもかかわらず同じ盥の水で洗浄している状況を見かけたことがある。そのときそこでは，定植後２〜５カ月経過した数千の苗のほとんどにウイルス病の発生が見られた。その栽培者は，それらの退緑斑を一時的な生理的障害と考えておられた。それらの数株から採集した病葉について検査したところ，そのすべてがORSVと診断された。それらのシンビジウム苗の発病はあまりにも高率であり，水洗時の感染によるものと考えられた。

(5) 灌水によって鉢底から流出する水に含まれるウイルスによる伝染

ウイルス病株では灌水したとき鉢底の穴から流れ出る水の中には多量のウイルス粒子が含まれている。CymMVおよびORSVをそれぞれの葉に汁液接種し発病したシンビジウムおよびカトレヤの病株に殺菌水を灌水し，鉢底の穴から流出する水を集め，超遠心分離器にかけた沈殿物を電子顕微鏡で観察するとウイルス粒子が認められた。また，病株の水苔をていねいに取り出して殺菌水ですすぎ，その水を遠心分離器にかけた沈殿物を調べるとやはりウイルス粒子が認められた。さらに，それらの沈殿物を少量の緩衝液に薄めて検定植物に接種してみると，感染し病原性が認められた。このことは，根が古くなって自然に枯死し，また組織が壊れたものからウイルス粒子が露出して混じったことを示している。このような露出したウイルスも伝染源となって発病する。

カトレヤ系のように高いところに吊って栽培するときには，灌水して鉢底から流れ出る水がその下にあるランに落ちたとき，葉に傷ができるとともにウイルスが感染するので注意が必要である。また，灌水槽に流れないように注意することも大切である。

(6) 植え付け材料の再使用による伝染

ORSVに感染したカトレヤの病株から取り出した水苔に，健全なカトレヤの実生苗を植えたところ，３本中１本が発病した。この発病は，病株から遊離し植え込み材料の水苔に付着したウイルスによるものである。ランの植え替えに当たっては，古い水苔，バーク，椰子の実がら，あるいは軽石などの植え込み材料を取り除いて新しいものに取り替えるが，その取り出した古いものを消毒しないまま再使用すると伝染するおそれがある。病株から取り出した古い材料には根から露出した多量のウイルス粒子が付着しているからである。また，鉢の再使用も同じことになる。

(7) タバコによる伝染

市販の紙巻きタバコには，タバコモザイクウイルス（TMV）が100％あるいは90％以上の高率で含まれているという報告がある。また，アメリカでは，ランにTMVの発生が知られている。TMVはORSVのように非常に安定で，しかも病原性の強いウイルスであるため，もし感染葉が混じっていれば製品タバコになってもなお感染力が保たれている。そのようなタバコを喫煙し，また火をもみ消すなどをすることにより手指がTMVに汚染され，その指でランにふれるとランの種類によっては伝染するチャンスがあると予想される。

(8) そ　の　他

鉢に灌水することにより，跳ね返る水の中にもウイルスが混じっていることも考えられる。また，病株の葉と隣の健全な葉との接触による擦りあいによってもウイルスの感染のチャンスがあると考えたほうがよい。

2　ウイルス病の防除方法

(1) なぜウイルスに効く薬がないのか

防除に先だって，なぜウイルス病に効く農薬ができないのか，また治療できる抗ウイルス剤が見つからないのかについて知っておく必要があるであろう。

植物の病気にはカビや細菌に起因するものがあるが，それらのカビや細菌にはよく効く殺菌剤があって，治療し，また蔓延を防ぐことが容易にできる。しかし，ウイルス病には効く薬がない。それを知るためには，ウイルスとカビや細菌との違いを知る必要がある。

カビや細菌は細胞から構成され，細胞核をもち，またミトコンドリアやタンパク質の合成を行なうリボソームをもち生物としての機能を揃えている。すなわち，自らの細胞の中に代謝系をもち，生きた細胞ばかりでなく枯れた植物にも寄生して栄養を取りながら，子孫をつくり生きていけるのである。そのため，生きた宿主は栄養をとられ，また感染組織がえ死を起こして病気となる。そこで，カビや細菌のみの代謝系を侵し，宿主に害のない殺菌剤が製造されて防除できるわけである。

ところがウイルスは，遺伝子を含む核酸とそれを取り巻くタンパク質とからなっており，生物がもっているような増殖に必要な酵素系やタンパク質の合成系をもっていないので，自分だけで増殖することができない。では，どのようにして増殖していくかというと，ウイルスがもっている遺伝子の情報に基づいて，宿主の代謝系を借りて複製しているのである。完全寄生者なのである。宿主の細胞が死に至るとウイルスは増殖することができず，やがて死滅してしまう。したがって，ウイルスの増殖を阻止するための薬剤の利用は同時に宿主の代謝系にもはたらいて細胞のえ死を導くことになる。すなわち，薬害が起きることになるので，ウイルスだけに効く薬剤が現在できないのである。

しかし，感染を阻止する抗ウイルス剤は若干開発されており，タバコモザイクウイルスのためのモザノン水和剤やランのオドントグロッサムリングスポットウイルスに効果のあるレンテミン剤が農薬登録されている。しかしこれらは，病気にかかったものを治療することはできず，感染阻害のための予防剤である。

(2) ウイルス病株を売らない，購入しない

ウイルス病の発生予防の原点は，まず病気にかかった株は伝染源となるので，けっして販売しないようにするマナーをもたなければならない。

ランを栽培しようとする人は，ランを購入するときあらかじめランのウイルス病をよく勉強しておいて，ウイルス病にかかっていないものを求め，またウイルスフリー株を求めること。そこの温室の栽培状況をよく観察し，購入しようとする種類の苗はもちろんであるが，そこのすべてのランについて病徴の発生の有無をていねいに観察する。さらに，ウイルスの予防対策を含めた栽培管理の状況，すなわち株分けや移植の状況（手指や用具の消毒あるいはポットの殺菌方法），害虫防除，苗の育成環境，花の収穫方法などをよく尋ねて調べ，

また注意深く観察する。ウイルス病の発生が多いところでは，その防除がおろそかであるランとみてよいであろう。

メリクロン増殖系を含めた販売苗，あるいはその由来の親株のウイルスのテストがされているかどうかも参考に尋ねておく。とくに，はじめてランを栽培しようとするものにとっては，購入して短期間のうちに病徴が現われ，購入時すでにウイルス病に感染していたことが証明されたときには，なんらかの被害保証をしてもらうべきであり，そのための交渉の資料としても必要である。

(3) 接触感染の回避

①病株の焼却または隔離栽培

ウイルス病株が1鉢あっても伝染源になるので，すべてを焼却することが望ましい。しかし，貴重な品種で遺伝子保存のために捨てがたいものは温室の一角に集めて置き，ほかの健全なランから隔離状態で栽培する。あとで述べるように，CymMVやORSVなどのウイルスは種子伝染しないので，交配親として利用できるからである。

それら病株の隔離保存はどのようにすればよいか。病株用の隔離温室を設置することは費用がかかり，経済的に困難である。そこで，病株はほかの健全な株と離すため温室の片隅に集めておき，それらと健全な株との間を少しあけ，さらにその間に間仕切りを置く。また，病株のウイルスの種類が判別されているものでは，その種類ごとに分けた株の間にも間仕切りを置くことが望ましい。なぜなら，別のウイルスがさらに感染して2種類また3種類のウイルスの重複感染株となることを防ぐためである。

ここで注意しなくてはならないのは，これらが伝染源とならないように，この項で述べる防除法による栽培管理に最善の注意を払い実行しなくてはならないことである。そのためには，これらの病株の株分けや移植などの作業を行なうとき，最初に健全株を取り扱いその後に病株を取り扱うようにするか，あるいは病株のみは別の日に作業することも予防効果につながる。そして，病株を取り扱う作業を行なったあとは，用具や作業台およびその周辺の消毒をていねいに行なうことが大切である。これを実行するためには，ウイルス病の確実な診断が重要である。

②植え替え時の接触伝染の予防

鉢栽培のランは，第３章１の項で述べたように，株分け時における手指や用具および作業台などの汚染による人為的接触伝染が高率に起こるので，この作業時の接触伝染の予防対策を完全に行なうことがウイルス病防除の第一である。一度病株を取り扱うと，その根から露出する多量のウイルスが手指や用具に付着し，これが伝染源となるからである。それゆえ，取り扱った株ごとに手指，用具および作業台を完全に消毒することが理想である（消毒法については③で詳しく述べる)。

しかし，１株ごとに消毒することは大変な労働であり，また時間がかかるので，多数の鉢を扱うのは大変な苦労である。そこで，ウイルス病の診断を完全にして，健全な株と疑わしき株とを分け，健全なグループは連続して作業を行ない，後者の疑わしいグループの取り扱いでは次の項に示すような方法で消毒を完全に行なうことである。

手指は石けんと流水でよく洗い，病株あるいはそれらしき株を取り扱ったときには必ずレンテミン液（野田食菌製造株式会社，タケダ園芸株式会社販売）あるいは３～５％第三リン酸ソーダ液（水１lに30～50ｇ加えて溶解）に指先をつけて洗浄する。前者は人の肌に害がない利点がある。それは爪の下にウイルスが付着すると洗浄しても落ち残りがあるからである。用いたナイフ，ハサミやピンセットなどの用具類の消毒も完全に行なわなければならない。

なぜかというと，前に述べたように，発生の多いORSVは長い年数の間，またCymMVも１～２カ月間用具やポットに付着したままの状態で病原性が保持されて伝染源になるからである。それゆえに，これらの器材は一度使用したあとは必ず汚染ウイルスを消毒してから用いなくてはならないのである。これは必ず心がけてほしいものである。また，ウイルス病だと思った株をさわったときには，必ずていねいに消毒するだけでも高率に予防効果が現われる。しかしこれとは反対に，OFVのように汁液の状態あるいは生葉から露出して用具に付着した状態では，ごく短時間で感染する能力を失うものもある。

③用具の消毒法

ウイルス病の発生が全くない温室のランについては，用具類の消毒を行なう必要がない。そのような消毒の必要があるのは，ウイルス病と診断された株あるいはその疑いのある株，さらにそのような病株の周辺の株である。それらの株は葉に病徴が認められなくても根に感染しているものもある（葉に発病するまでの潜伏期間が１年以上あることがある）ことを考慮して，１株ごとに用具類の消毒が絶対必要である。また，長年栽培している大きい成熟株なども１株ごとに消毒を行なうことが望ましい。

次に，一度用いた器具類の消毒のし方を述べる。

まずはじめに，付着している葉片や葉汁液を洗い落とす。それから消毒を行なうが，消毒法は一般的に次の二つの方法で行なわれている。

＜加熱法＞

器材やポットを加熱することで汚染ウイルスを不活化する。水洗した用具やポットを30分から１時間煮沸する。ナイフ，ハサミおよびピンセットなどはアルコールランプなどの焔であぶればよいが，ナイフやハサミは熱で刃が切れなくなるので，次の薬剤に浸けて消毒するほうがよい。

＜薬剤に浸漬＞（第９図）

３倍のレンテミン液に数分間器具を浸けるとウイルスの病原性が失われる。すなわち，レンテミン液はウイルスの感染能力を失わせる効力がある。レンテミン液はランや人に害がないので，用具をすすぎながら連続して用いることができる。例えば，用具の大きさおよび取り扱うランの株数に応じて200〜400m*l*の広口容器２個を準備し，一方のＡ容器に水，Ｂ容器にレンテミン液を入れておく。用具をＡ容器の水ですすぎ，次にＢ容器のレンテミン液に数分浸けてそのまま使用すればよい。この方法で行なえばナイフやハサミ，ピンセットなどの用具をたくさん準備しておく必要がなく，２〜３本もあれば十分たりる。用

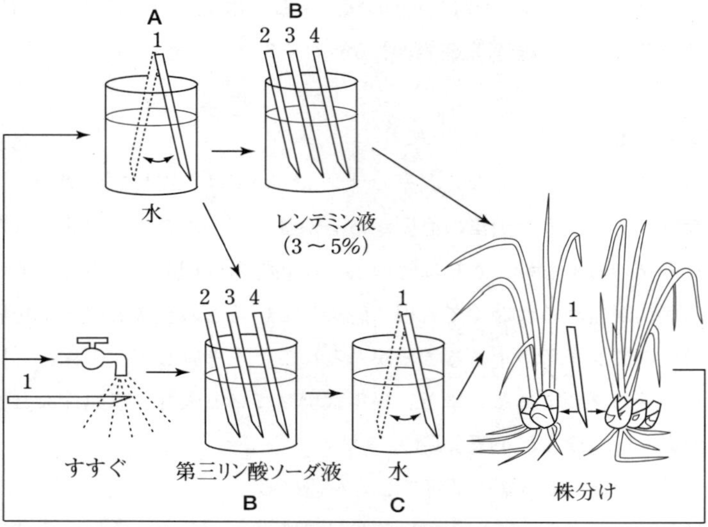

第9図　器具類の消毒例

具にナンバーを印しておいてその順番で用いれば，次の株に使用している間に先に用いたものが十分消毒されている。一度使用したら，A容器の水ですすいだのちB容器レンテミン液に浸けておき再使用する。A容器の水はなるべく早めに取り替えること。レンテミン液は使用後容器に蓋をして日陰に保存し，再使用する。

また，強いアルカリ液に浸けてウイルスを不活化することができる。これはウイルス粒子が強アルカリで破壊されてしまうからである。例えば，用具を3～5％の第三リン酸ソーダ液に1～3分間浸漬する。第三リン酸ソーダは所定の水にゆっくりと攪拌しながら入れて溶かす。冬など低温のときには溶けにくいので，少し加熱すると溶けやすい。つくった液のpHは12程度と高く，衣服にはつかないように注意する必要がある。実際に作業にあたって準備するものは約500mlの広口容器3個。その3個の容器にそれぞれA：水，B：第三リン酸ソーダ液，C：水（できれば煮沸したもの）を入れておく。ハサミかナイフを2～3本準備し，それにナンバーを印しておく。

最初，用具No.１をＡ容器の水または水道の流水ですすぎ，Ｂ容器に浸けて消毒してからＣ容器の水ですすいで使用する。１株ごとに使用し終わった用具はＡ容器の水または水道の流水ですすいでＢ消毒液に入れておく。そして用具No.２，次にNo.３を同様に次々とすすぎと消毒を行なって用いる。準備した用具を使い終わると，次には最初に用いたNo.１を同じくＣ容器の水ですすいで用いる。終わると同じようにNo.２，No.３と順番に処理して用い，これをくり返せばよい。Ａ容器の水は頻繁に取り替える。消毒の浸漬時間は１分でも十分なので，１回用いて消毒液に入れて次の用具を用い作業している間が数分から十数分あるので，その間に完全に消毒されることになる。

第三リン酸ソーダ液は強アルカリ性であるので，金属の器具は漬けていても錆びない。使用しないときにはビンに蓋をして保存する。しかし，液に結晶あるいは容器の上部に白色の粉状の結晶ができると効力が落ちるので，新しいものと取り替える。使用しないときには乾燥しないように容器に蓋をして保存する。

消毒に漂白剤を用いることがある。漂白剤は植物組織に害があり，また金属製の器具を腐食させるので，浸けた器具はていねいによく水洗いしておく。漂白剤が変色しはじめたら，例えば葉汁が混じって緑色がかってきたら，取り替えたほうがよい。また，漂白剤を使用または保存するときには直射光線を避けなくてはならない。

④鉢の消毒

植え替えによる使用ずみの鉢は，消毒しないまま使用してはならない。鉢の消毒は，とくにCymMVやORSVのような病原性が強く安定なウイルスに対し必要である。

素焼きやプラスチックのポットは，まず最初に強い圧力の水道水で付着するランの汁液，根およびバークや水苔などの培地を完全に洗い落とさなくてはならない。その鉢を煮沸するか，素焼き鉢では火で焙ってもよいが，手間がかかる。または第三リン酸ソーダ液に１時間ほど浸ける。その場合乾燥すると鉢に白い薬剤が付着し残るので，再度水に浸漬して使用する。プラスチック製の鉢では，水洗後の仕上げに強い家庭用漂白剤（10に対し水90加える）に浸漬してもよいが，この方法ではすべてのウイルスを不活化するためには不十分である。

洗浄した鉢をそのまま日陰においただけでは安心できないので，夏紫外線の強いときに１鉢ごとに太陽光線に直接できるだけ長く当てると多くのウイルスには効果がある。少なくともCymMVやCMVおよびポティウイルスでは，真夏２カ月間ほど当てれば消毒の効果があり，再使用できる。しかし，病原性の最も安定なORSV（第４章　ウイルスの性質の項参照）は，どれだけの日数直射光線に当てれば完全であるかがわかっていないので安全とはいえない。

⑤その他の衛生管理

温室内の衛生については，自分で絶えず心がけるよう良い習慣をつけなければならない。栽培管理の過程で衛生を怠れば，気がつかないうちにウイルス病が広い意味の自然の接触伝染によって発生し，完全な防除ができなくなる。このことは本項（3）①～④およびつぎの（4）の事項に関係し，あわせて考えなければならない。ORSVなどは枯れ葉の状態でも長く伝染力を保持しているので，枯れ葉といえども片づけて捨てなければならない。

病株に灌水すると，鉢底の穴から出る水あるいは跳ね返りの水の中にウイルスが混在して伝染源になるので，これを避ける工夫をしなければならない。

ランの鉢は長い間同じ場所に置いて栽培するため，ベンチにはランの根や破片が付着する。植え替えあるいは搬出してそのベンチに新しいランを置くときには，水を流しながらタワシでよくこすり，根などの付着物を取り除く。また，ベンチを飽和第三リン酸ソーダ液あるいは10％漂白剤を散布して消毒する必要がある。

隣の株の葉と葉の接触により傷がつき，その切り口に病葉汁液が付着し感染する。灌水時の水の跳ね返りによる伝染の機会があり，また害虫が病株から隣の健全な株に這って移動して加害し伝染する。これらを避けるために鉢と鉢の間隔は，栽培効率を考えながら，できるだけ広くとるようにする。

市販のタバコに含まれるタバコモザイクウイルス（TMV）が系統によりランに発生することが知られており，タバコを喫煙した手指により感染する可能性があるので注意する。このウイルスのランへの伝染率は低いと思われるが，温室内では喫煙しないことが望ましい。喫煙のあとには手指をよく洗浄し，また消毒してからランを取り扱うように心がけてほしいものである。

（4）害虫の駆除

ランのウイルスは，その種類によりアブラムシ，ダニ，アザミウマあるいはセンチュウなどの害虫によって伝搬される。そこで，媒介虫が発生しないように駆除しなくてはならない。

媒介虫のなかでは，アブラムシによって伝染するウイルスが非常に多い。その伝搬型は口針型伝染（非永続的伝染）である。したがって，病植物を吸汁し保毒したアブラムシが飛来して健全植物を吸汁すると短時間でウイルスが感染することになるので，アブラムシを１匹残らず完全に殺さなくてはならない。アブラムシを発見したときには，その株はすでにウイルスが感染しているかもしれないからである。アブラムシの着生をみた株は，その後ウイルスによる病徴が現われるかどうか，「診断法」で述べた病徴を参考に注意して観察すること。アブラムシによる伝染を防ぐためには，伝染源をなくすか伝染源となる温室周辺の植物のアブラムシも駆除しなければならない。

アブラムシで伝搬されるBYMV, ClYVV, CMV, TuMV, WMV-2などは，温室や栽培地の周辺の野菜や雑草（マメ類，トマト，ダイコンやカブ類，スイカ類，クローバ類のいずれか，伝染の項参照）などに発生しているので，それらに着生するアブラムシの発生にも注意して駆除しなくてはならない。DeMV，CymMMV，HaMV, SpiMVはラン以外の植物に発生することが知られていないが，アブラムシによって伝搬される。OFVを伝搬するオンシツヒメハダニ（口絵240）は屋外で発生しやすいので，庭に植えたり鉢を屋外に出すような場合には，OFVによる病徴が１株でも見つかったら，殺虫剤を定期的に散布することが必要である。アザミウマやセンチュウの発生にも注意し，見かけたらただちに駆除することも大切である。

殺虫剤は，いろいろな種類が販売されているので，それぞれの特質と注意事項にしたがって目的とする害虫に用いねばならない。温室内のように制限されたところでは，環境条件によって薬害の発生が起きることがあるので，注意書をよく読んで薬剤の選定と使い方に注意する。また，人に対する被害がないように注意して散布するように心がけてほしい。

(5) 繁殖時の感染を防ぐ

①未熟種子の播種培養における注意

シンビジウムで，CymMVに感染した母親および花粉親とした株から採集した種子（完熟したもの）からの苗4,822個体，ORSVに感染した母親からの1,415個体の苗を1.5～３年まで調べたが，ウイルスの発生が認められなかった。また，諸外国でもランのウイルスの種子伝染については知られていない。しかし，ORSVについては病株の花粉塊にウイルス粒子があることが認められている。また，CymMVおよびORSV病株の組織についてのウイルスの存在を調べたところ，花のがく弁，花弁，唇弁，芯柱，やく，子房および鞘にはウイルス粒子が認められている。CymMVに感染したシンビジウムから採集した種子ではマイナスであった。

ランの種子の播種培養には，鞘がまだ緑色の若い未熟なものから種子を取り出して人工培地に播くことがある。これは鞘の中が外気にふれていないため，種子が無菌状態で保存されており，取り出した種子を消毒しなくても無菌状態で培地上に播き，発芽・生長させることができるからである。このよな播種方法は日数の短縮ができることもあってよく利用される。しかし，未熟な鞘であるため，中の種子も未熟でばらばらに取り出せないので，先の曲がった針や耳掻きのような用具で掻き出し，寒天培地に植えることになる。

ウイルス病にかかった鞘を調べてみると，病原性のあるウイルスが多量に含まれている。そこでこの方法は，鞘の汁液が種子に付着してウイルスが機械的に感染するチャンスがあると考えられる。種子は胚と種皮からなっているが，掻き出すとき種皮にも傷がつきウイルスに感染する可能性があるからである。

米国で緑色の未熟鞘から分離したデンドロビウムの種子からの123個体の苗のなかに１個体がCymMVに感染したという報告がある。このような種子の分離と培養によるウイルス病発生の危険は実際には大きくないが，感染し発病しうる可能性を知っておくべきである。全く安全であるとはいえないということである。この方法を行なうときには，その株がウイルス病にかかっていないことを確かめたもののみについて行なうべきである。また，種子を掻き出すときには，鞘にふれないように十分注意することも予防につながる。

②株分けや移植時における根の洗浄

年数のたった株あるいは大きい株の株分けおよび移植時における根の水洗は盥（たらい）の溜り水で行なわないで，必ず流水で行なう。病株が混在していると，その根から多量のウイルス粒子が水の中に流出し，その水で新しい株を次々と洗浄することにより根に感染するからである（伝染の項参照）。溜まり水で洗浄したときは，ウイルス感染は必至であり，また高率である。根はウイルスに非常に感染しやすいことを知っておかなくてはならない。

根の水洗後，軽く水きりをしてから，レンテミン液に１～２分間浸漬し，そのまま植え付けても予防効果がある。もちろん，確実に健全であった株からのメリクロン苗の移植では，溜り水による洗浄を行なってもよい。

(6) ウイルスフリーメリクロン苗の利用

①茎頂培養によるウイルスのフリー化（無毒化）

生長点組織培養は，今ではランの増殖の一般的な方法となっており，誰にでも簡単にできる。植物では生長点組織を切り取って培養することでウイルスフリーの苗が得られることから，ランでもこのメリクロン苗はすべてウイルスのかかっていないものとの誤った認識をもっている人が一部にはいる。

ランのメリクロン培養は，遺伝的形質の同じものを大量増殖するために行なっているものである。栽培者が一般的に行なうメリクロン培養とは生長点組織を２～３mmほど切り取って行なうので，この大きさではウイルスフリー苗が得られない。この方法は，最初フランスのMorelがCymMVに感染したシンビジウムの生長点組織培養からウイルスフリーの個体が得られたという1960年の報告にはじまるが，ウイルスのフリー化は実際には非常に難しく，フリー化されてもごく低率である。しかも，生長点組織を0.3～0.5mm切り取って培養しなくてはならず，それでもCymMVのフリー化は稀であり，ORSVはほとんどできない。しかし，ORSV罹病シンビジウムで0.1～0.2mm切り取った生長点組織をORSV抗血清液に１時間浸漬してから培養するとウイルスフリー苗が得られたデータがある。しかし，このような0.1～0.2mmの小さい生長点を切り取って培養することは容易ではなく，さらに活着も非常に悪く，そのうえ奇形の発生がみられることから実用的には難しい問題が多い。

②健全なメリクロン苗の育成と増殖

ランの同一系統の大量増殖にはかかせないメリクロン培養を行なうにあたっては，ウイルス病防除のためにとくに注意が必要であり，ウイルス病にかかっていないことをテストし確認した健全な株から行なうことが絶対条件である。そうすれば，健全な苗が安心して育成できる。そして，その系列培養苗群の栽培管理においてウイルスが感染しないように，予防上の事柄を実施しながら増殖すれば，大量の健全な苗が栽培しつづけられる。

このような苗の取り扱いには，手指や用具などの消毒あるいは１株ごとの流水での洗浄の必要はない。しかし，安心のために100株あるいは200株ごとに消毒や洗浄水の取り替えを行なうように心がけてほしい。

（7）将来の可能性

①遺伝子組み換えによる抵抗性品種の作出

植物では，ある特定のウイルスに対する抵抗性の遺伝子を組み込んだ新しい品種を作出し，ウイルスの自然感染を避けようとする開発が進んでいる。ランでもウイルスに抵抗性の遺伝子が発見されれば，この遺伝子をランに組み換え挿入し，ウイルス病にかからないランを作出したいという試みがある。

しかしランの場合，色彩，花の形，生産性，カビや細菌病に対する抵抗性，さらに栽培が容易であるかどうか，またすべてのウイルスに対する抵抗遺伝子かどうかなど，あわせ考えなくてはならない多くの課題があるので，なかなか難しいようである。将来に願う夢である。

②弱毒ウイルス利用による病徴発現の阻止

ウイルスが感染した植物では，同じウイルスのほかの系統の感染増殖を抑止する現象がある。これを干渉作用または干渉効果といっている。この干渉効果を利用したウイルス病の防除がいろいろな作物で試みられ，すでにトマトとタバコモザイクウイルスといった関係など，いくつかの野菜や果樹で応用されている。

これは，病徴が現われず，また発育の障害も起こさない弱毒化させたウイルスを植物に接種し，同種のウイルスの強毒系統の感染を阻止しまた侵入しても増殖を抑え，したがって病徴の発現も起きない現象をウイルスの防除に利用するものである。この応用は一年生作物では大変有効であり，多年生作物ではミカンなどで試みられている。この方法をランにも応用しようとする試みがある。ここで用いる弱毒ウイルスは感染しても植物に害を及ぼさないことが要求される。ランは永年生植物であるため，ウイルスの病原性が将来的に強毒に変化することがないだろうか。もし，強毒に変化したならばそのランはもう治療できないという心配があり，この方法による防除法はランでは難しい問題が多く，将来の研究課題である。

第4章

ランのウイルス病の基礎知識

1　ウイルスとは何か

ウイルスとは，光学顕微鏡では形態を観察することができない，ナノメーター単位〔1 nm（nanometer）＝1メートルの10億分の1〕の大きさの電子顕微鏡的レベルの粒子からなる感染体である。ウイルス粒子は外被タンパク質と核酸とからなり，その核酸はデオキシリボ核酸（DNA）かリボ核酸（RNA）のどちらか一方のみからなっている。しかもウイルスは，動物や植物の細胞のような構成分も代謝系ももっていないので自己増殖することができない。それゆえに生きた細胞内でなければ増殖できない。すなわち，生物細胞内の絶対（依存）寄生者であるが，同時に病気を引き起こす。一方，同じ病気を起こす細菌やカビは植物に寄生して栄養分を横取りし，その栄養分をもとに自分で増殖している。したがって，それらの多くは生物細胞ばかりではなく，死んだ生物体でも増殖できる性能をもっており，ウイルスとの違いがある。

次にウイルスの実体はどんなものか，その特徴を簡単に取りまとめて列記する。

1）ウイルスは遺伝情報を含む核酸のみから複製される。

2）ウイルスは他の病原体である細菌やカビのようにDNAとRNAの両方をもたないで，その一方のみから構成されている。

3）ウイルスは二分裂様式で増殖できず，粒子を構成する個々の核酸やタンパク質成分の分離合成によって増殖する。

4）ウイルスはエネルギー生産系をつくる遺伝情報をもたないので，その複製には宿主細胞のエネルギー合成機関が必要である。そのため，ウイルスは生きた細胞内でなければ増殖できない。

5）ウイルスの複製に関与するタンパク質は，宿主細胞のリボゾームによって合成される。

6）ウイルスには複数の核酸分子をもつものがある。その複数の核酸分子は1粒子か，または複数の粒子中に分かれて存在する。ウイルスとしての

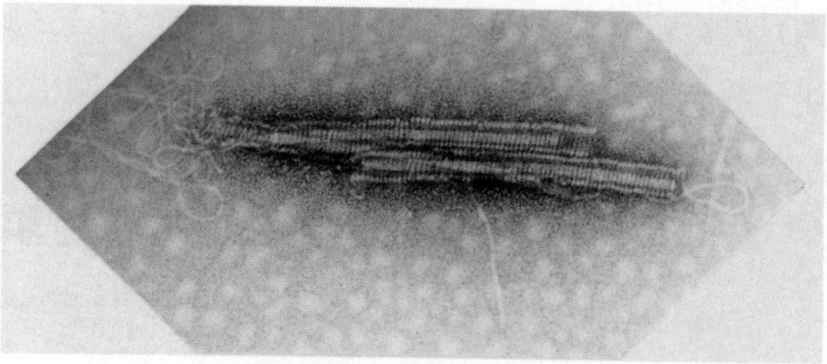

第10図　ORSV粒子の外被タンパク質の分解と核酸の露出が見られる電子顕微鏡写真
細い糸が核酸を示す

機能の完成には２種類以上の核酸分子を必要とするもので，これを多粒子性ウイルスと呼んでいる。ランに発生するウイルスではCMV（第４章２項⑪　160ページ参照）やTRV（第４章２項⑱　163ページ参照）がこれに相当する。

７）ウイルス自身の複製（増殖）に他の特定のウイルスの存在（共存）を必要とするものがある。これを衛星ウイルス（satellite virus）と呼んでいる。

このようなウイルスがなぜ植物体内で増殖し，また伝染し，病気を引き起こすのか，ウイルスはとても不思議な物体である。そのウイルスがランに感染するととてつもない激しい病気を起こすものが多い。

ウイルス粒子の構造および形態と大きさ：ウイルス粒子の構造は大体遺伝子（核酸）を包むようにタンパク質の防御殻がとり囲んだ比較的簡単なものである（第10図）。植物ウイルスの粒子の形態は球状，棒状，ひも状，輪状，楕円体状（弾丸状）などのさまざまなものがある。その形態はウイルスの種類によって遺伝的に決まっている性質でもある。球状では径15～85nmで，その種類によって大きさが異なる。また棒状のORSV粒子はまっすぐで長さ300～320nm，幅18nmであり，TRVは長短２種類の粒子からなり，長いほうが約190nm，短いほうが65nmで，幅が24nmである。また，ひも状では幅11～13nm，長さ475nmから長いもので2000nmの大きさであり，ウイルスの属別に長さが異なる。植物のウイルスはほとんどが外膜をもたないが，トマト黄化えそウイルス（tomato spotted wilt virus）の粒子は径85nmの球状で被膜を有する 。OFVは長さ105～125nm，幅45～50nmの短桿形であるが，直接逆染色法試料（108～110ページ参照）の電顕観察では弾丸形（第２図６）に見える場合が多い。それらランに発生するウイルスの形態と大きさの比較を第２図に示してある。

2　ランに発生するウイルスの種類と性質

(1) 植物ウイルス病に関する研究内容と分類基準項目

植物ウイルス病の研究では，最初に病植物の病因を調べなくてはならない。その病因にはウイルスが原因するものだけでなく，カビ，細菌，マイコプラズマなどに原因するものがあり，さらにいろいろな生理障害，あるいは日焼けなど環境要因によってもなんらかの病徴が現われる。病原ウイルスについては，まずそれを分離して，個々のウイルスの病原性，伝染方法，抗原性，遺伝子解析などいろいろな性質を調べる。詳しい方法についてはいろいろな植物ウイルス学の書の中に示されており，また本書の目的ではないので省略する。第11図はその研究項目の全容をわかりやすく示してある。その研究結果試料に基づいてウイルスを同定・分類する。既報告になければ新種のウイルスあるいは新系統と命名する。このような研究も最終目的は防除であることをわすれてはならない。そのような得られたデータをウイルス病の診断，防除の資料とする。

(2) ウイルスの性質

ラン科植物に発生するウイルスは別表１（巻末）に示しているように分類されているものが33種類知られている。その主なウイルスについては和名を別表３に示してある。ウイルスは種類によって多種属に発生するものと，ランの１～２属種しか発生しないものなど宿主範囲が広いものと，きわめて狭いものとがある。しかし，栽培されているランの多くの種属にはいずれかのウイルス病が発生し，また感染すれば被害が大きくなる場合が多い。また，ウイルスの性状はその種類ごとに異なっている。例えば伝染方法にしても，すべてのウイルスが汁液伝染（接触伝染）するが，虫媒伝染についてはするものとしないもの

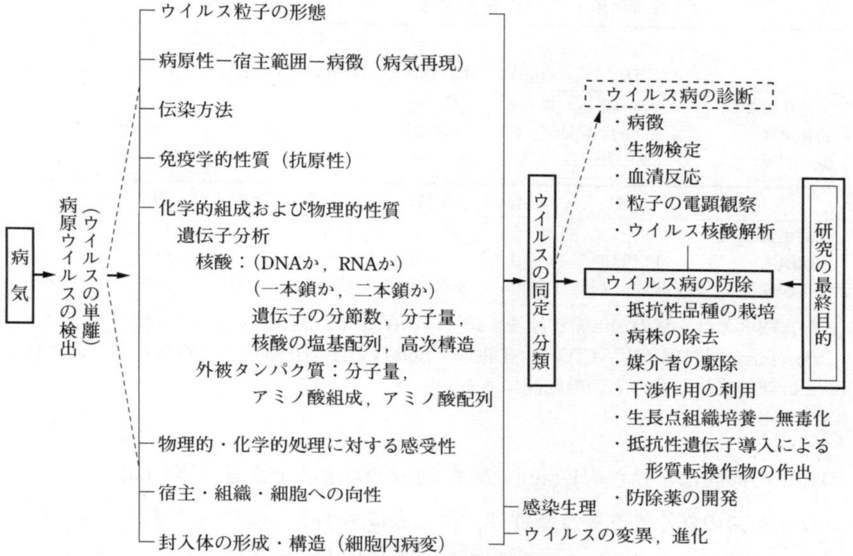

第11図　植物ウイルス病の研究内容と分類基準項目

とがあり，それもアブラムシであったり，ダニあるいはセンチュウであったりするなどウイルスによって異なる。そこで，ウイルス病防除の完全な対策を立てるうえに，それぞれのウイルスの性質をよく知っておくことが重要である。次に，同定されているなかの主なウイルスの性状について概要を述べる。

①シンビジウムモザイクウイルス

（cymbidium mosaic virus：CymMV，*Potexvirus*属，科は未定）

ランのウイルス病のなかで最初に記載されたウイルス（1943）であり，またランにしか発生が知られていない主要なウイルスの一つである。CymMVはランに発生するウイルスのなかで宿主範囲が最も広く現在53属のランに発生することが知られ（巻末 別表2），しかも世界に広く分布している。カトレヤ系やシンビジウムなど多くのランでは葉にモザイクや激しいえそ斑を生ずるので被害が大きくなるウイルスであるが，ORSVとの重複感染も非常に多い。CymMV

第4表　ランに発生するウイルスの不活化限界

	TRV	ORSV	CymMV	ポティウイルス属（*Potyvirus*）BYMV	CalMMV	HaMV	WMV-2
不活化温度(℃)	75−80	90−95	65−70	55−60	50−55	60−65	50−55
希釈限度	$10^{-4}-10^{-5}$	$10^{-6}-10^{-7}$<	$10^{-5}-10^{-6}$	$10^{-4}-10^{-5}$	$10^{-3}-10^{-4}$	$10^{-5}-10^{-6}$	$10^{-4}-10^{-5}$
保存限度	6カ月以上	10年<	1−2カ月	8−16日	4−8日	16日−1カ月	4−8日

	CMV	CymMMV	CarMV	CymRSV	ToRSV	OFV	TSWV
不活化温度(℃)	65−70	85−90	85−90	85−90	50−60	45−50	40−45
希釈限度	$10^{-4}-10^{-5}$	$10^{-5}-10^{-6}$	$10^{-7}-10^{-8}$	$10^{-5}-10^{-6}$	$10^{-2}-10^{-3}$	$10^{-4}-10^{-5}$	$10^{-2}-10^{-3}$
保存限度	16日−1カ月	1−2カ月	3−4カ月	10カ月以上	1−2日	1−2時間	2−5時間

保存限度とは病葉の10倍希釈汁液を20℃に保存したときの感染性を失う限界を示す。*Potyvirus*属のBCMV，ClYVV，TuMV，SpiMVの不活化限界は省略したが，いずれも同属の表に記載のものの範囲にある

の粒子の形態は，長さ約475nm，幅約13nmのひも状である（第２図）。

ウイルスの病原性を失う条件は，第４表に示すように，病葉汁液を希釈したとき10万倍では感染し，100万倍で感染性がなくなる。したがって，このウイルスは病葉の中に高濃度に増殖し存在している。病葉汁液を65℃（10分）で加温したときには感染する能力があり，70℃では感染しなくなり，また病原性の持続性は20℃に保存したときには１カ月後でも感染性がある。このようにウイルスの安定性が比較的高く，しかも病原性の強いウイルスである。ウイルスの外被タンパク質の分子量は27.8×10^3，RNAの分子量は2.2×10^6である。ゲノムRNAの 塩基配列の長さは6227塩基であり，160K, 26K, 13K，10Kおよび24Kのタンパク質に対応する５個のオープンリーディングフレーム（ORF：転写読み取り枠＝アミノ酸配列として翻訳され，タンパクとなりうるRNAまたはDNAの連続した塩基配列の領域）を含む。

伝染：株分けや移植時における手指や器具，作業台などの汚染による病汁液の接触伝染（汁液伝染）が主である。病組織の残骸も伝染源となる。虫媒伝染はしない。

②オドントグロッサムリングスポットウイルス

（odontoglossum ringspot virus：ORSV, *Tobamovirus*属，科は未定）

このウイルスは，最初1951年オドントグロッサム（*Odontoglossum grande*）の葉にえそ輪点を生じた病原に命名されたが，カトレヤ系やシンビジウムなどにとくに発生が多く，しかも宿主範囲がCymMVにつづいて広く，現在35属のランに発生することが知られ（別表２），また世界に広く分布している。CymMVとの重複感染も非常に多い。葉にモザイクを生ずるほかにカトレヤやシンビジウムなどの花には斑入り（カラーブレーキング）を生ずる特徴がある。

ORSVはタバコモザイクウイルス（TMV）と同じ属であるが，科は未だ設定されていない。ウイルス粒子の形態は長さ300～320nm，幅約18nmの棒状である（第２図）。ウイルスの病原性を失う条件（第４表）は，病葉汁液を希釈したとき100万倍あるいは1,000万倍でも感染する。このことは病葉１ｇの摩砕液をドラム缶５～50本の水で薄めても感染するほど病葉の中に高濃度に生産され含まれていることを示している。ウイルスが完全に病原性を失う条件は95℃以上である。病葉汁液を20℃に保存しておいたとき10年経過しても未だ病原性があり，また病葉汁液をシャーレに入れて室内に放置し乾燥された状態でも１年３カ月（その後調べていない）経過しても感染力がほとんど失われない。乾燥した葉の中では少なくとも100年間以上病原性が保たれているといわれている。

このようにORSVは病原性が著しく安定で，しかも伝染力の強いウイルスである。ウイルスの外被タンパク質の分子量は18×10^3，Cy-1分離株の完全長ゲノムRNAの塩基配列の長さは6611塩基であり，126K, 183K, 31Kおよび18Kのタンパク質に対応する４個のオープンリーディングフレーム（ORF）を含む。TMVの塩基はほぼ6380～6400（系統により違いあり）範囲の値である。また，ORSVの抗血清（力価：2,048倍希釈まで反応）は８倍希釈または16倍希釈までしかTMV普通系と反応せず，TMV抗血清もまたTMVと1,024倍希釈するのに対し，ORSVとは64倍希釈までしか反応しない（第５表）。さらに，TMV抗原で吸収したORSV抗血清にはORSVと1,024倍希釈まで反応する抗体が残っている（第５表）。

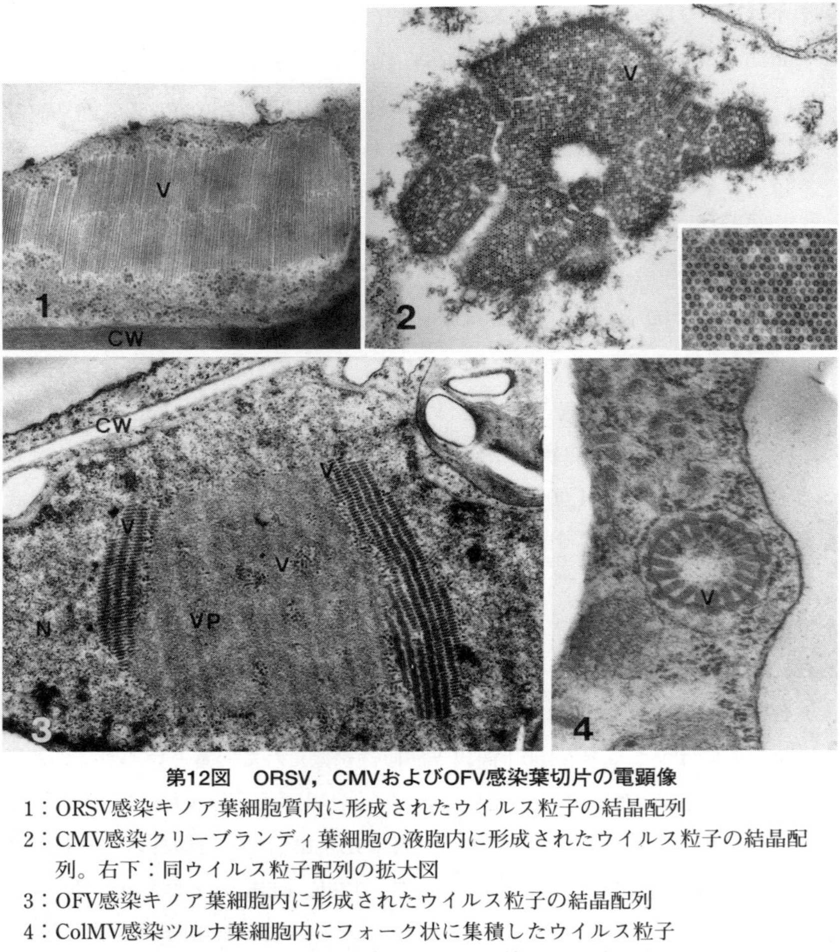

第12図　ORSV，CMVおよびOFV感染葉切片の電顕像

1：ORSV感染キノア葉細胞質内に形成されたウイルス粒子の結晶配列
2：CMV感染クリーブランディ葉細胞の液胞内に形成されたウイルス粒子の結晶配列。右下：同ウイルス粒子配列の拡大図
3：OFV感染キノア葉細胞内に形成されたウイルス粒子の結晶配列
4：ColMV感染ツルナ葉細胞内にフォーク状に集積したウイルス粒子
V：ウイルス粒子，VP：バイロプラズム，N：核，CW：細胞壁

このようにORSVとTMVとは異なり，遠縁関係にある。

伝染：CymMVと同じく株分けや移植時における手指や器具，作業台などの汚染による病汁液の接触伝染（汁液伝染）が主である。病組織の残がいも伝染源となる。病葉中にウイルス粒子が高濃度に含まれ，しかも病原性が著しく安定であるにもかかわらず，汁液を吸う虫によって伝染しない。

第5表　ORSV抗血清とTMV抗血清に対するORSVおよびTMVの反応値とORSV抗原またはTMV抗原をもって吸収した両抗血清の反応値

抗血清	吸収に用いた抗原ウイルス	ウイルスに対する血清反応値	
		ORSV	TMV
ORSV-s	−	2,048	8 or 16
	ORSV	0	0
	TMV	1,024	0
TMV-s	−	64	1,024
	ORSV	0	256
	TMV	0	0

吸収とは各抗血清にウイルス抗原（遠心分離した病葉汁液）を加えて抗原抗体反応を起こさせ，生じた凝集物を遠心分離して除く，すなわち反応する抗体を抗血清から除くこと。これによってウイルスの異種抗原の存在を調べる。反応値は抗血清の希釈倍数

③クローバ葉脈黄化ウイルス

（clover yellow vein virus：ClYVV, *Potyvirus*属，*Potyviridae*科）

ClYVVは普通ソラマメ，エンドウ，クローバなどによく発生しているウイルスであるが，日本ではエビネ属とラン以外のインゲンマメやリンドウに発生することが知られている。エビネに発病すると葉にえそを生じ，被害が大きくなるウイルスである。

ウイルス粒子の形態は，長さ約750nm，幅約13nmのひも状である（第２図）。ウイルスの病原性を失う条件は，病葉汁液を希釈したとき１万倍では感染し，10万倍で感染性がなくなる。55℃(10分）では感染し，60℃では感染しなくなり，また20℃に保存したときには４～８日の間で感染性がなくなる。ウイルスの外被タンパク質の遺伝子は915塩基で，その分子量は34.9×10^3であり，アミノ酸数は305である。

病葉の細胞内には，超薄切片像の電子顕微鏡観察で見られる，翼片の長い風車状封入体が形成される（第３図）。このような封入体を形成するウイルス群

をポティビリダエ科として分類されているが，この形成は遺伝子情報に基づくもので，ポティウイルス属（*Potyvirus*）の特徴である。さらに，Edwardson, J. R. らはポティウイルス属の封入体の形状をⅠ～Ⅳ型に分類している（第４図）。その分類によると本ClYVVの形状はⅡ群に属する。さらにポティウイルス属のⅡ型に属するウイルスは電子密度の高い４～６角形の結晶状の封入体が形成されるが，本ウイルスにも同様のものが見られる（汁液の電顕観察では第４図３のような菱形）。

伝染：汁液伝染するとともに，アブラムシによって非永続的（第３章　伝染の項参照）に容易に伝搬される。

④インゲンマメ黄斑モザイクウイルス

（bean yellow mosaic virus：BYMV, *Potyvirus*属, *Potyviridae*科）

BYVVはClYVVと分類学的に近いウイルスで，ソラマメ，エンドウ，クローバなどに多く発生しているが，ランでは日本とアメリカでエビネに，ドイツでマスデベリア（*Masdevallia*）に，韓国ではエビネとネジバナ（*Spiranthes*）に発生が知られている。

ウイルス粒子の形態は長さ約750n，幅約13nm のひも状である（第２図のClYVVの粒子の形態と同形）。ウイルスの病原性を失う条件は病葉汁液の希釈限界が１万～10万倍，不活化温度が55～60℃，保存限度が８～16日（20℃，以下同じ）である（第４表）。ウイルス外被タンパク質の分子量は35×10³である。病葉細胞超薄切片の電子顕微鏡観察の所見はClYVVとほぼ同じであり，風車状封入体の形状はⅡ型である（第３図）。また電子密度の高い４～６角形の結晶状の封入体が形成される。このようなBYMVは前述のClYVVと類似するが，BYMVはマメ 科植物やエビネにモザイクを生じ，ClYVVは激しいえそを生ずる点と血清学的に異なる点で区別される。

伝染：汁液伝染するとともに，アブラムシによって非永続的に容易に伝搬される。

⑤デンドロビウムモザイクウイルス

（dendrobium mosaic virus：DeMV, *Potyvirus*属, *Potyviridae*科）

DeMVはデンドロビウム（*nobile*系や*Formidible*）に発生が知られているのみであるが，病徴がモザイク斑の濃淡の境界が際だっているのが特徴である。

ウイルス粒子の形態は長さ約750nm, 幅約13nmのひも状である（第２図，ClYVV粒子と同形）。ウイルスの病原性を失う条件は，病葉汁液の希釈限界が100～1,000倍，不活化温度が55～60℃，保存限度が４～８日である。ウイルスの外被タンパク質遺伝子は798塩基，266アミノ酸からなり，その分子量は30.6×10^3, ウイルスRNAの分子量は約3×10^6である。このDeMVは，ハワイでHuらがインゲンマメモザイクウイルス（bean common mosaic virus：BCMV）のメンバーとしたデンドロビウムのウイルスと分子量が大きく異なる別種のウイルスである。病葉組織の超薄切片像の電子顕微鏡観察では，細胞質内に風車状封入体（Ⅰ型）が見られる（第３図）。

伝染：汁液伝染するとともに，アブラムシによって非永続的に容易に伝搬される。

⑥カブモザイクウイルス

（turnip mosaic virus：TuMV, *Potyvirus*属, *Potyviridae*科）

TuMVは宿主範囲がやや広く，カブ，ダイコンなどのアブラナ科，キク科，マメ科などに発生するウイルスであるが，ラン科ではエビネやウチョウラン（*Orchis*）に発生が知られている。

ウイルス粒子の形態は長さ約750nm, 幅約13nmのひも状である（第２図，ClYVV粒子と同形）。ウイルスの病原性を失う条件は，病葉汁液の希釈限界が1,000～１万倍，不活化温度が55～60℃，保存限度が４～８日である。外被タンパク質の分子量は27.5×10^3である。病葉組織の超薄切片像の電子顕微鏡観察では，細胞質内に風車状，輪状，層板状などの封入体（Ⅲ型）が見られる（第３図）。

伝染：汁液伝染するとともに，アブラムシによって非永続的に容易に伝搬される。

⑦カボチャモザイクウイルス

(watermelon mosaic virus 2：WMV-2, *Potyvirus*属, *Potyviridae*科)

WMV-2は宿主範囲が狭いが，キュウリ，カボチャ，メロンなどのウリ科やエンドウなどによく発生するウイルスである。ランではサギソウとバニラ(*Vanilla*)に発生が知られている。

ウイルス粒子の形態は長さ約750nm，幅約13nmのひも状である（第２図，ClYVV粒子と同形)。ウイルスの病原性を失う条件は，病葉汁液の希釈限界が1,000～１万倍，不活化温度が55～60℃，保存限度が４～８日である。ウイルスの外被タンパク質の分子量は34.5×10^3，ウイルスRNAの分子量は約3.1×10^6である。病葉組織の超薄切片像の電子顕微鏡観察では，細胞質内に風車状，輪状，層板状などの封入体が見られ（第３図)，その形状はⅣ型である。

伝染：汁液伝染するとともに，アブラムシによって非永続的に容易に伝搬される。

⑧エビネ微斑モザイクウイルス

(calanthe mild mosaic virus：CalMMV, *Potyvirus*属, *Potyviridae*科)

CalMMVはエビネとファレノプシスに感染し，ラン以外ではツルナのみに局部感染する。ウイルス粒子の形態は長さ約760nm，幅約13nmのひも状である(第２図，ClYVV粒子と同形)。ウイルスの病原性を失う条件は，病葉汁液の希釈限界が1,000～１万倍，不活化温度が50～55℃，保存限度が４～８日である(第４表)。ウイルスの外被タンパク質の分子量は32.0×10^3，アミノ酸数は268，RNAの分子量は3.1×10^6である。病葉組織の超薄切片像の電子顕微鏡観察では，細胞内に風車状と輪状の封入体が見られ，その形状はⅠ型である（第３図)。

伝染：汁液伝染するとともに，アブラムシによって非永続的に容易に伝搬される。

⑨サギソウモザイクウイルス

（habenaria mosaic virus：HaMV, *Potyvirus*属, *Potyviridae*科）

HaMVはサギソウから検出され命名されたが，サギソウ以外での発生は知られていない。本ウイルスはアマランティカラー，キノア，ツルナ，センニチコウの接種葉に局部感染して斑点を形成する。

ウイルス粒子の形態は長さ約750nm, 幅約13nmのひも状である（第2図，ClYVV粒子と同形）。ウイルスの病原性を失う条件は，病葉汁液の希釈限界が1万～10万倍，不活化温度が60～65℃，保存限度が16～32日である（第4表）。ウイルスの外被タンパク質の分子量は34.5×10^3, ウイルスRNAの分子量は約3.1×10^6である。病葉組織の超薄切片像の電子顕微鏡観察では，細胞内に風車状と輪状の封入体が見られるが，輪状のものが多い。その形状はⅠ型である（第3図）。

伝染：汁液伝染するとともに，アブラムシによって非永続的に容易に伝搬される。

⑩ネジバナモザイクウイルス

（spiranthes mosaic virus：SpiMV，*Potyvirus*属, *Potyviridae*科）

SpiMVは韓国でモザイクを現わしたネジバナから検出され命名されたウイルスで，そのほかのランでは未だ発生が知られていない。

ウイルス粒子の形態は，長さ約750nm, 幅約13nmのひも状である（第2図，ClYVV粒子と同形）。ウイルスの病原性を失う条件は，病葉汁液の希釈限界が1万～10万倍，不活化温度が60～65℃，保存限度が8～14日である。病葉組織の超薄切片像の電子顕微鏡観察では，細胞質内や液胞内に並列粒子および細胞質内に風車状，輪状，層板状などの封入体が見られ，その形状はⅢ型（第3図）に近い。

伝染：汁液伝染するとともに，アブラムシによって非永続的に容易に伝搬される。

⑪キュウリモザイクウイルス

（cucumber mosaic virus : CMV, *Cucumovirus*属，*Bromoviridae*科）

CMVは宿主範囲が極めて広く，作物，野菜，果樹，花卉，雑草など多科多種属の植物（775種以上）に発生し，また世界に広く分布しているウイルスである。ラン科ではデンドロビウム，エビネ，ミルトニア（*Miltonia*），ファレノプシス，エリデス（*Aerides*），ガンゼキラン（*Phaius*）に発生が知られている。

ウイルス粒子の形態は，直径28～30nm の球状である（第２図）。ウイルスの病原性を失う条件は，病葉汁液を希釈したとき１万倍と10万倍の間，また不活化温度は65～70℃の間であり，20℃に保存したときの耐保存性は16～32日である（第４表）。ウイルスの外被タンパク質の分子量は24.5×10^3である。ウイルスRNAの分子量が1.27×10^6（RNA-1），1.13×10^6（RNA-2），0.82×10^6（RNA-3），および0.35×10^6（RNA-4）である。このような遺伝情報の大きさの異なるウイルスゲノムが三つの粒子（RNA-1, RNA-2, およびRNA-3とRNA-4が一緒）に分かれて含まれている多粒子性である。しかし，粒子の大きさは同じである（第２図）。ランに発生しているCMVの血清型は一部抗原性の異なるＹ型とＰ型がある（第６図②）。エビネから検出された後者のＰ型ウイルスは宿主性，干渉効果，血清反応などからCMVのエビネ系統（CMV-Cal系）とした。

伝染：汁液伝染するとともに，アブラムシによって非永続的に容易に伝搬される。また，宿主範囲が広いため，温室の周辺にある上記のような多種属の栽培植物または雑草に発生している病原ウイルスが伝染源となる。

⑫ランえそ斑紋ウイルス

（orchid fleck virus：OFV, *Plant rhabdovirus*属，科未定）

OFVはラン固有のウイルスであるが，エビネやシンビジウムに発生が多く，そのほかにデンドロビウム，ファレノプシスなどラン科植物の30属以上に発生が知られ，えそ斑紋を生ずるのが特徴である。1950～60年代にアメリカや日本でシンビジウム棒状退緑モザイク病（cymbidium bar mottle disease）と記載された病気は，当時ウイルス粒子が認められていなかったが，その病徴がこのウイルスによるものと酷似しており，またOFVが検出されたものもあるので，その病気の病原はOFVであろうと考えられる。ラン科以外に汁液接種するとキノア（口絵233），フダンソウに全身感染し（口絵232，接種葉），アマランティカカラー，ムラーレ，ツルナ（口絵230），ササゲ（口絵231）などに局部感染する。

ウイルス粒子の形態は長さ105～120nm，幅45～50nmの短桿菌形であるが，PTA染色による電子顕微鏡観察では多くが弾丸形として見られる（第２図）。しかし，後述するようにウイルス粒子はPTA液で破壊しやすく，その観察には酢酸ウラニルなどで前固定する必要がある。ウイルスの病原性を失う条件は，病葉汁液の希釈限界が１万～10万倍，また不活化温度が45～50℃の間であり，20℃に保存したときには１～２時間の間で感染性がなくなる（第４表）。このようにOFVは非常に不安定で，病葉を摩砕することによって病原性を短時間で失う（92ページ）。病葉組織の超薄切片像の電子顕微鏡観察では，核内の仁近くにバイロプラズム（viroplasm）の封入体の形成が見られ，またその内部にウイルス粒子が散在または集塊あるいは何層かにきれいに配列する集塊が見られる（第12図３）。さらに，細胞内や核内に核膜由来の膜系に包まれた車輪状に配列した集塊が見られた（第12図４と類似）。

伝染：汁液伝染するが，前述のように汁液中ではウイルスが不安定で短時間に病原性を失うので，伝染率は低い。オンシツヒメハダニ（*Brevipalpus californicus*；口絵240）によって伝搬される。夏温室の外に出したシンビジウムや庭に植えたエビネに発生がよく見られることは，このダニ伝搬によるものと考えられる。

⑬エビネモザイクウイルス

（calanthe mosaic virus：CalMV, *Carlavirus*属，科は未決定）

CalMVは，エビネから検出されたウイルスである。エビネ以外ではアマランティカラーとキノアに局部感染が知られているのみである。

ウイルス粒子の形態は，長さ600～650nm，幅約12～14nmのひも状である。そのほかの詳しい性質についてはわかっていない。

伝染：汁液伝染する。媒介虫は知られていない。

⑭シンビジウム微斑モザイクウイルス

（cymbidium mild mosaic virus：CymMMV, *Carmovirus*属，*Tombusviridae*科）

CymMMVは，わが国で張らが東洋ランシンビジウムから検出して命名したウイルスである。本ウイルスはシンビジウムのほかにアマランティカラー，キノア，カーネーションに全身感染し，センニチコウやセキチクの接種葉に局部感染する。

ウイルス粒子の形態は，径28nmの球状である。ウイルスの病原性を失う条件は，病葉汁液の希釈限界が10万〜100万倍，不活化温度が85〜90℃，保存限度が30〜60日である（第４表）。病葉超薄切片の電顕観察では，ウイルス粒子が細胞質内や液胞内に散在または集塊して存在するのが見られている。CymMMV抗血清がカーネーション斑紋ウイルスと反応することから，カルモウイルス属（*Carmovirus*）と考えられている。

伝染：汁液伝染する。媒介虫は確認されていない。

⑮シュンラン退緑斑ウイルス

（cymbidium chlorotic mosaic virus：CymCMV, *Sobemovirus*属，科は未決定）

CymCMVは発育不良でやや萎縮し，花つきの悪いシュンランから検出されたが，洋ランのシンビジウムにはよく感染する。シンビジウム以外に感染する植物が見つかっていないので，ウイルスの不活化条件など調べられていない。

ウイルス粒子の形態は，径約28nmの球状である（第２図４）。ウイルス外被タンパク質の分子量は30×10^3である。

伝染：汁液伝染が容易である。媒介虫は知られていないが，ソベモウイルス属のウイルスはハムシによって伝搬される。

⑯カーネーション斑紋ウイルス

(carnation mottle virus：CarMV, *Carmovirus*属，*Tombusviridae*科)

CarMVは宿主範囲がやや広く，一般にナデシコ科，アカザ科などの植物に発生し，また世界に広く分布している。ラン科ではミルトニア，シンビジウム，オドントグロッサム，オドンティオダ（*Odontioda*）およびオドントニア（*Odontonia*）に発生が知られている。

ウイルス粒子の形態は，径約28nmの球状である（第２図２）。ウイルスの病原性を失う条件は，病葉汁液を希釈したとき10^{-7}～10^{-8}の間に，また不活化温度は85～90℃であり，20℃に保存したとき３～４カ月で感染性がなくなる（第４表）。このように，本ウイルスは病葉中の濃度が高く，また比較的安定である。

伝染：汁液伝染が容易である。媒介虫は知られていない。

⑰タバコモザイクウイルス

(tobacco mosaic virus：TMV, *Tobamovirus*属，科は未定)

TMVはタバコ，トマト，ピーマンなどにモザイクを現わすウイルスで，世界各地に発生分布している。ランではアメリカでTMV-ラン系統（TMV-O）が報告されている。TMV-Oは，カトレヤ，シンビジウム，ミルトニア，オドントグロッサムおよびファレノプシスなどからの検出が報告されている。

ウイルス粒子の形態は，長さ300nm，幅18nmの棒状である。ウイルスの病原性を失う条件は，病葉汁液を希釈したとき100万～1,000万倍の間に，また不活化温度は88～93℃である。20℃に保存したとき１年以上感染性を保持している。このように病葉中の濃度が高く，また著しく安定なウイルスである。ウイルス外被タンパク質の分子量は17.5×10^{3}，アミノ酸数は158，RNAの分子量はほぼ2×10^{6}である。

伝染：汁液伝染が容易である。媒介虫は知られていない。

⑱タバコ茎えそウイルス

(tobacco rattle virus：TRV，*Tobravirus*属，科は未定)

TRVは，ドイツで1984年ウチョウラン属（*Orchis*）のモザイク株から検出されている。そのほかの国ではランに発生が知られていないが，このウイルスはわが国ではタバコ，ホウレンソウ，クロッカスなどに発生が知られ，日本に存在するウイルスである。

ウイルス粒子の形態は，長短２種からなり，長い方が約193nm，短いほうが65nm，幅約24nmの短桿状である（第２図４）。ウイルスの病原性を失う条件は，ランから検出されたものについては記載がないが，同種のものは病葉汁液を希釈したとき１万～10万倍の間に，また不活化温度は75～80℃であり，20℃に保存したとき６カ月以上感染性を保持している（第４表）。ウイルス外被タンパク質の分子量は，分離株によって異なり，22-24×10^3，RNAの分子量は長いほうが6.8×10^6，短いほうが1.8～4.5×10^6である。長粒子のRNAはRNAの複製と病徴の発現に関与し，また短粒子のRNAは長粒子と短粒子の両方の外被タンパク質の形成に関与している。短粒子のみでは増殖できず，自らの複製には長粒子が必要である。

伝染：汁液伝染が容易である。センチュウ（線虫）によって伝搬される。

⑲デンドロビウム花脈えそウイルス

（dendrobium vein necrosis virus：DVNV, *Closterovirus*属，*Closteroviridae*科）

DVNVは，最初ドイツでデンドロビウム·ファレノプシス（*Den. phalaenopsis*）から分離されて報告され，のちアメリカのフロリダでも発生が知られた。病徴は葉と花の脈に白色または黒褐色のえそを生ずる。

ウイルス粒子の形態は，長さ1865nm，幅10～12nmの長いひも状である（第２図12に類似）。

伝染：汁液伝染する。媒介者は知られていないが，DVNVが属するクロステロ属ウイルスはアブラムシによって伝搬されることがわかっているので，アブラムシが媒介者となる可能性は高い。また，時に早くからアブラムシの着生が見られた株の花では，開花時に上記のような特徴的な症状が見られたということで，アブラムシによる伝染を示唆している。

⑳シンビジウム輪点ウイルス

(cymbidium ringspot virus：CymRSV, *Tombusvirus*属，*Tombusviridae*科)

CymRSVは，1963年にイギリスでシンビジウムに発生が記載され，白クローバにも発生する。そのほかの国では知られていない。

ウイルス粒子の形態は，径約30nmの球状である。ウイルスの病原性を失う条件は，病葉汁液を希釈したとき10万～100万倍の間，また不活化温度は85～90℃の間である。20℃に保存したとき10カ月以上感染性が保持されている（第4表）。このように，本ウイルスはかなり安定である。外被タンパク質の分子量は43.6×10^3，RNAの分子量は1.7×10^6である。

伝染：汁液伝染が容易である。媒介虫は知られていない。

㉑トマト輪点ウイルス

(tomato ringspot virus：ToRSV, *Nepovirus*属, *Comoviridae*科)

ToRSVは宿主範囲がきわめて広く，アカザ科，ナス科，ウリ科，マメ科，球根類や果樹などに広く発生しているウイルスである。ランでは1977年にアメリカでシンビジウムに発生が知られ，そのほかのランではまだ確認されていない。日本ではまだランに発生が知られていないが，メロン，ペチュニア，スイセンなどに発生が知られており，日本にも存在するウイルスである。

ウイルス粒子の形態は，径約28nmの球状である。ウイルスの病原性を失う条件は，病葉汁液を希釈したとき100～1,000倍，また不活化温度は50～60℃であり，20℃に保存したとき1～2日である（第4表）。外被タンパク質の分子量は58×10^3，RNAの分子量は2.8×10^6と2.4×10^6の2種である。

伝染：汁液伝染が容易である。またセンチュウ（線虫）によって伝搬される。

㉒トマト黄化えそウイルス

(tomato spotted wilt virus：TSWV, *Tospovirus*属，*Bunyaviridae*科)

TSWVは，トマト，ピーマン，タバコ，ダリア，スイカなどに発生するウイルスで，日本にも存在する。ラン科ではハワイでファレノプシスとオンシジウムに発生が知られおり，日本でもファレノプシスに類似の病斑が認められている（口絵187）。また，トマトから分離されたTSWVをファレノプシスに接種したところ，退色斑からのちえそ斑を生じた（口絵188）。

ウイルス粒子の形態は，径85nmの被膜をもつ球状である（第２図５）。ウイルスの病原性を失う条件は病葉汁液を希釈したとき100～1,000倍の間，また不活化温度は40～45℃の間である。20℃に保存したとき２～５時間である（第４表）。

伝染：汁液伝染が容易である。アザミウマによって伝搬される。アザミウマは１齢でウイルスを獲得し，成虫で伝搬する場合が多い。

3　ランのウイルス病研究の歩み

(1) ラン栽培の普及とウイルス病の発見

ラン科植物は800属以上，約３万種，人工交配種を含めて５万6,000種以上と推定され，世界の花卉植物の約７％に相当するともいわれている最も大きな科である。ランはまた年じゅう雪に覆われる地帯を除く世界各地に広く分布し，日本にも約88属250種ほどが自生している。

ランは古くは王族や豪族の人たちの特定の所持品であったが，観賞用鉢ものや切り花として非常に高い値段がついたことから，アメリカやヨーロッパでは早くから営利的に栽培されるようになってきた。そして，ランの人工栽培ができるようになるや，その華麗な花の魅力にランが徐々に一般大衆花となってきたようである。今では，ランの栽培法が確立され，その結果，とくにアメリカ，日本・台湾・タイなどを含むアジア，ヨーロッパの国々でシンビジウム，カトレヤ系，デンドロビウム，オンシジウム，ファレノプシス，デンファレなどの切り花の生産が増加し，また大量に輸出入されて大きな経済効果をあげるまでに至っている。

ランの栽培は，当初原種の採集と株分けやバックバルブによる増殖にはじまり，つづいて種子の人工培養による苗の育成，さらに近縁種間の交配苗の育成であった。1950〜’60年代ころ，植物ウイルス病の生物的治療法として生長点組織（約0.2〜0.5mm）を切り取って培養し，ウイルスフリー株を得るすなわち無毒化する研究が流行していた。ランについてもフランスのMorel, G. M. がウイルス病にかかったシンビジウムの無毒化を試みたところ，その目的とは別にその組織から多数のプロトコーム状球体が増殖し，その個々のプロトコーム状球体から親と同一個体のランが無限に増殖できることを1960年に発表した。これはランの増殖法として画期的な大発見であった。今でいうメリクロン苗の増殖法が開発されたわけである。これを機会にランの大量生産が容易になり，ランの営利的栽培の増加がはじまってランが誰にでも手の届くような価格となって，しだいに一般大衆花となってきたのである。

一方，ランの著しい人気とともに栽培が盛んになるにつれて，営業的栽培者間でいろいろのランの葉に激しい黒い斑紋が発生することが気にかかるようになってきた。これが観賞価値を著しく落とす原因となったからである。これを病気として最初に記載されたのは1943年で，Magee, C. J. がオーストラリアのNew South Wales 地方でシンビジウムに発生した‘黒斑病’と呼ばれていたモザイク病とデンドロビウムの葉にモザイク斑点を生じた病原についての報告であった。彼は前者のモザイク病をウイルスらしいとしたが証明しておらず，また後者をトマト黄化えそウイルス（tomato spotted wilt virus）らしいと考えたようであったが，詳しく同定していなかった。次いで，Bissett, J. は1945年にシンビジウムの同じく黒色斑点やモザイク斑について述べ，この斑点は伝染しないものと考えたようである。1947年ブラジルのNobrega, N. R. がデンドロビウム（ノビル系）の葉にモザイクを現わす病原をはじめてCucumis virus 1の系統（現在の分類ではキュウリモザイクウイルス；cucumber mosaic virus）として記載した。そのころよりランの栽培が盛んなアメリカやオーストラリアでウイルス病の発生が注目されるようになり，とくにカリフォルニア大学やハワイ大学で活発な研究がなされるようになってきた。

(2) ランのウイルス病研究の広がり

カリフォルニア大学のJensen, D. D. は，最初サンフランシスコ地方の営業的に栽培しているカトレヤ系の葉にモザイクおよび花に激しい斑入りを生ずるウイルスについて報告している。この病原はランからランへの汁液接種では成功しなかったが，モモアカアブラムシのみによって伝搬されたことを記載している。しかし，この伝搬についての研究はまだ不十分で，正確な同定に至っていなかった。彼はまた，1950年に前述のMageeの報告と同じ症状のシンビジウムの葉のモザイク病について報告し，つづいて1951年そのモザイク病は汁液伝染し，その病原をシンビジウムモザイクウイルス（cymbidium mosaic virus：CymMV）と命名した。そしてアメリカのカリフォルニアで検査したシンビジウムの当時貴重な品種の一つ*Cym. Alexanderi* '*Westonbirt*' FCC.（1911 年に英国で育成された）はすべてがモザイク病に侵されており，また古くから栽培されているシンビジウムの70%がウイルス病であったと記述し，ウイルス病発生の著しく多いことを明らかにしている。Gold, A. H. & Jensen, D. D. が1951年CymMVの粒子は長さ約475nmのひも状であると報告し，ランのウイルスではじめてその形態が明らかになった。オーストラリアのWhite, N. H. & Goodchild, D. J. は，1955年このCymMVがチョウセンアサガオ（*Datura stramonium*）に汁液接種すると，その接種葉にえそ斑点を形成する（口絵222）ことを見いだし， それ以来この植物がCymMVの診断の有効な検定植物に用いられるようになった。

Jensenらは，さらに1951年オドントグロッサム（*Odontoglossum grande*）の葉にえそ輪紋を生ずるウイルスにオドントグロッサムリングスポットウイルス（odontoglossum ringspot virus：ORSV）と命名して報告し，その粒子は約280nmの棒状であると記載している。ORSVはCymMVとともにランに発生する重要なウイルスとして知られることになった。Newton, N. & Rosberg, D. W.（1952）はカトレヤのウイルス病の病原としてはじめて長さ300nm（ORSV？）

と390nmの２種のウイルス粒子を記載している。そのころ（1950～'58年）ハワイ大学でもMurakishi, H. H. がデンドロビウム，ファレノプシス，バンダ，スパゾグロチスなどのウイルス病について報告し，ランの栽培が盛んなハワイにもウイルス病の発生が多いことが明らかにされた。Jensenはさらに活発な研究をつづけ，1959年に出版された"The Orchids"(Ed. Withner, C. L.) の著書のなかに，それまでに世界で報告されたウイルス病を取りまとめ，18属のランに発生した32のウイルス病とそれらの病徴および発生状況について詳しく掲載している。しかし，これらが32種のウイルスとして明確に同定したものではなく，未同定を含むランの属種別に病気として記載したものであったが，この書によってランにもいろいろのウイルス病が多発し，被害の大きいことが知らされて，世界のランの栽培者の注目することとなったのである。

日本では，井上（Inouye）が1960年からランのウイルス病の研究をはじめた。最初，日本の各地のラン栽培温室を訪れ，モザイクやえそ斑を現わしたランを集めてウイルスの分離と同定を行なった。それには，前述の"The Orchids"の書に記載されたJensenのウイルス病についての記述が有益な参考試料となった。当時わが国のランの営利栽培者の間ではウイルス病について全く問題にしていなかったようで，なかにはウイルス病など気にしていたら商売にならんという人がいたほどであった。当時ランの栽培者がウイルス病についての知識がなく，またウイルス病の被害のおそろしさを知らず無関心であったことから，ウイルス病が蔓延し，ときに病徴の発現状況からカトレヤ系など100%感染しているように思われた温室がかなり多くみられた。今ではウイルス病の被害の大きさを知らない営利栽培者はいないであろう。

ヨーロッパでは，イギリスで Hollings, M.らが1977年にシンビジウムに発生したシンビジウム輪点ウイルス（cymbidium ringspot virus）を検出して記載している。その後このウイルスについてはRNAの解析の研究があるが，発生についての報告はない。ドイツではランに発生する新しいウイルスとして，1971年にPetzold, H. がファレノプシスから桿菌状形ウイルス（未同定）を，1977年にはLesemann, D,-E. がデンドロビウム，ファレノプシスからデンドロビウム葉脈えそウイルス（dendorobium vein necrosis virus）を，Peters，K.R. がレリア（*Laelia*）からレリア赤色斑点ウイルス（laelia red leafspot virus）を報告した。また，Lesemannらは1985年にウチョウラン属（*Orchis*）からタバコ茎えそウイルス（tobacco rattle virus：TRV）とカブモザイクウイルス（turnip mosaic virus：TuMV）およびシプリペジウムから未同定のポティウイルス属（のちシプリペジウムウイルスY：cypripedium virus Yと名づけられた）を，さらにマスデベリア属（*Masdevallia*）からインゲンマメ黄斑モザイクウイルス（bean yellow mosaic virus：BYMV）を報告し，ドイツにも既知のウイルスとともにいろいろの新しいウイルスの発生が知られた。BYMVの発生についてはエビネ類に1972年日本で，1988年にはアメリカで，さらに1991年韓国ではエビネとネジバナ（*Spiranthes*）に発生することが報告された。バニラ（*Vanilla*）にはカボチャモザイクウイルス（watermelon mosaic virus 2：WMV-2）が 1993年にWang, Y. Y. らによってポリネシアで，またPearson, M. N. らによってSouth Pacificで確認され，さらに日本でも1997年Gara, I. W. らによってサギソウにも発生することが報告された。また, 1988 年筆者らは，BYMVに近いクローバ葉脈えそウイルス（clover yellow vein virus：ClYVV）がエビネに発生することを発表した。

以上，これらのウイルスで，TRVはタバコや球根類植物などに，TuMVはダイコンやカブなどのアブラナ科植物およびホウレンソウなどに，BYMVはソラマメやインゲンマメなどのマメ科植物およびグラジオラスなどの球根類植物に，ClYVVはソラマメ，エンドウ，クローバなどのマメ科植物に，またWMV-2はスイカやキュウリなどのウリ科植物に発生が多く見られるウイルスである。一般に野菜や雑草に発生が多いこのようなウイルスがランに伝染し，発生することが知られたのである。そのほか新しいウイルスとして，Wisler, G. C. らは1987年にポリネシアのバニラに発生するバニラモザイクウイルス（vanilla mosaic virus）を記載し，また隣の韓国でも張らによって1985年ネジバナに発生するネジバナモザイクウイルス（spiranthes mosaic virus）を命名して報告した。さらに韓国では1991年にはCymMV，ORSV，TMV，上記BYMV，後述のOFV，

DeMVの発生も確認されている。

(3) 多発ウイルス病と研究の課題

世界のランに発生が多いウイルスの一つORSVは，前述のようにJensenらがオドントグロッサムから検出して命名したウイルスであるが，多種属のランに発生し，しかもカトレヤ系とシンビジウムの花に明瞭な斑入りを生ずる特徴がある。この斑入りを生じたカトレヤ系は大変珍しいということで1960～70年代ころ筆者の観察ではわが国や台湾における各地のランの展示会に出品されていた。当時ウイルス病であるとの認識がなく珍品として取引されていたわけで，高価な売買もされていたようであった。また，同じようなことが東洋ランのシンビジウムでも退緑斑紋入り株を‘金砂’と呼んで高価な珍品としていた。この斑紋は，ORSVによる病斑を指していたことが明らかになった。JensenらはORSVがラン以外にヒャクニチソウにも感染して短期的な花弁の斑入りを生ずることも報告しているが，筆者もこの花の斑入りを生ずることを確認している。

このORSVは，ウイルス学的にも興味がもたれた一つでもある。一方，Perez, J. E.（1956）はプエルトリコでカトレヤの花に斑入りを生ずるウイルスをタバコモザイクウイルス（TMV）として報告した。のちに，これを受けたと思われるが，Corbett, M. K. は1967年にファレノプシスの花に病斑を起こすウイルスをTMVのラン系統（TMV-O）として報告している。彼のTMV-OはTMV普通系統（TMV）の抗血清と反応するが，TMVはTMV-O抗血清と反応せず，またTMV-OはTMVが普通に感染するタバコに感染せず，さらにウイルス粒子の長さがTMVの300nmに対し約320nmと長く，両系統の違いを示している。にもかかわらずそれ以来，アメリカではORSVらしきものもTMV-O系統として取り扱い，日本で筆者が報告したORSVもTMV-Oであるとして取り扱った著書も多い。しかし，Paul, H. L. ら（1965 & 1975）はORSVとTMVとは血清学的に異なることを報告し，筆者の実験結果でも抗血清の希釈反応値に大きな違いがあることを指示している。また，Ikegami, M. と筆者らはシンビジウムから検出したORSVのゲノムRNAの塩基配列を決定し，その配列の長さは6611塩基で，TMV-Vの

6395およびTMV-Lの6384より長く，ORSVはTMVとは異なることを明らかにした。国際ウイルス分類委員会でもORSVは独立ウイルスとして分類されている。これらのことにより，日本で報告したORSVをアメリカでTMV-O系統と考察した論文および著書の記載は賛成できない。

キュウリモザイクウイルス（CMV）は，宿主範囲がきわめて広く52科775種以上の植物に感染し，作物，野菜，花卉，果樹，雑草などの植物に広く発生していることが知られている。ランでは前述のようにNobrega, N. R. がデンドロビウム（ノビル系）から分離し，次いで筆者が最初1966年に日本の各地のデンドロビウムに，1982年にはエビネに，その後ミルトニアに発病することを確認している。そのほかでは韓国でデンドロビウムやエビネに，さらにエリデス属(*Aerides*)，ガンゼキラン属（*Phaius*）に発生することが知られている。このウイルスは多種のアブラムシによって容易に伝搬されるウイルスでもある。

デンドロビウムモザイクウィルス（dendrobium mosaic virus：DeMV）は，筆者（1971）が命名したウイルスで，ポティウイルス属に所属する。このウイルスにかかったデンドロビウムは，葉に濃淡斑がきわだって明瞭に現われる特徴がある（口絵164，166)。一方，ハワイでHu, J. S. ら（1995）はデンドロビウムにモザイクを生ずるウイルスの塩基配列を決定して，これをインゲンマメモザイクウイルス（bean common mosaic virus：BCMV）の準メンバーであると同定し，このウイルスを日本で命名したDeMVと同じものとした。しかし，これとほぼ同じころ筆者が報告したDeMVについて植田や筆者らが外被タンパク質遺伝子を解析し，798塩基からなる分子量が30595，ウイルスRNAの分子量が約3×10^6であることを明らかにしている。これにより筆者の報告したDeMVとハワイでBCMVの準メンバーとしたデンドロビウムのウイルスとは外被タンパク質の塩基配列の相同性が60.1％であり，さらに寄生性および血清反応などから両者は分類学上異なるウイルスであることが明らかになった。DeMVは，現在日本と韓国でのみ発生が認められているにすぎない。

そのほかに，日本では張ら（1976）によってランえそ斑紋ウイルス（orchid fleck virus：OFV）を検出して命名し，その後多くのランに発生していることが知られた。Jensenが1950年代にシンビジウム棒状退緑モザイク病（cymbidium bar mottle disease）としたシンビジウムの病原は，当時ウイルスの粒子が発見されにくかったこと，さらに汁液接種が普通では難しかったことなどによりウイルスの同定がなされていなかった。わが国でも1960年代にそのシンビジウムの病斑に酷似した病徴が認められ，Jensenの記載にしたがって同様の病名を付していたが，のちそのような病斑を現わす株からOFVが検出されている。OFVは病原性が不安定なことにより研究が遅れていたが，筆者らによってエビネから検出したOFVの諸性質を調べ，汁液接種の容易な条件を明らかにした（90ページ参照）ことにより，生物学的研究が前進した。近藤ら（1999）はOFVの外被タンパク質遺伝子の塩基配列を決定し，ウイルスの分類に貢献している。筆者らはまた1994年山口県で採集したシュンランから新しいウイルスとしてシュンラン退緑斑ウイルス（cymbidium chlorotic mosaic virus）を，また1998には葉にモザイクを現わすサギソウからも新しいサギソウモザイクウイルス（habenaria mosaic virus）を検出して命名した。河野らは1994年ミルトニアに発生したカーネーション斑紋ウイルス（carnation mottle virus）を報告している。

オーストラリアでは，Gibbsらが2000年に多数のランから８属21種のウイルスを検出し，そのうちRT-PCR（逆転写酵素―ポリメラーゼ連鎖反応法）により新しいウイルスとしてポティウイルス属のceratobium mosaic virus，pterostylis virus Y，sarcochilus virus Y，pleione virus Y，rhopalanthe virus Y，diuris virus Yを記載している。

近年，日本ではエビネ属の栽培が盛んであるが，そのエビネには別表２（巻末）に示すように９種のウイルスの発生が知られ，しかも各地に広く発生していることが知られた。そのうち新しいウイルスとしてエビネモザイクウイルス（calanthe mosaic virus）とエビネ微斑モザイクウイルス（calanthe mild mosaic virus）が検出され，またClYVVはランでは日本のエビネで最初に確認されたウイルスである。別表１に示すように，現在世界では33種のウイルスと未同定の11種以上のウイルス病とが報告されているが，わが国では16種類のウイルスの発生が知られ，そのうちの7種類は新しいウイルスとして命名されたものである（別表2）。

ウイルスの和名については別表3に示してある。そのうちで多種属のランに発生し，世界に広く分布しているウイルスは病原性が強くしかも宿主範囲の広いシンビジウムモザイクウイルス（CymMV）とオドントグロッサムリングスポットウイルス（ORSV）の2種であるが，わが国でもこれらの2種のウイルスの発生がとくに多いことが明らかにされている。現在，前者のCymMVは57属に，後者のORSVは35属のラン発生が知られている。また43種のウイルス病はランを特定の宿主として発生しているものが多いが，そのうちの13種はラン以外の野菜，花卉，果樹または雑草などの植物に広く発生しているウイルスで，それらが伝染源となっている。日本でも野菜や花卉などに発生し存在するが，ランにはまだ発生が認められていないウイルスがある（別表2）。

ランにウイルス病の発生が多いのは，それについての知識が全くなかった時代に，「伝染」の項で述べたように株分け，移植などの栽培管理の過程で接触伝染，虫媒伝染し，ランの輸出入により世界に広く分布蔓延し，それが大きな被害をもたらす原因になったようである。また，ウイルス病にかかるとこれを治療する農薬がないことも大きな原因であろう。

本書は，主にランの栽培者を対象としているので，ウイルスの遺伝子の研究の歩みについては省略した。

別表目次

別表1　ランに発生が

属	ウイルス名(略名)	粒子の大きさ(nm)	発生したラン
同定，分類されているウイルス			
棒状粒子			
Tobamovirus	Odontoglossum ringspot virus（ORSV） （オドントグロッサムリングスポットウイルス）	300−320×18	別表2参照
〃	Tobacco mosaic virus（TMV-O） （タバコモザイクウイルス−ラン系統）	300×18	〃
Tobravirus	Tobacco rattle virus（TRV） （タバコ茎えそウイルス）	65と193×40−50 （長短2つ）	*Orchis*
ひも状粒子			
Potexvirus	Cymbidium mosaic virus（CymMV） （シンビジウムモザイクウイルス）	475×13	別表2参照
Carlavirus	Calanthe mosaic virus（CalMV） （エビネモザイクウイルス）	650×12−14	*Calanthe*
Potyvirus	Bean common mosaic virus（BCMV） （インゲンマメモザイクウイルス）	750×13	*Dendrobium*
〃	Bean yellow mosaic virus（BYMV） （インゲンマメ黄斑モザイクウイルス）	〃	別表2参照
〃	Calanthe mild mosaic virus（CalMMV） （エビネ微斑モザイクウイルス）	764×13	*Cymbidium*
〃	Ceratobium mosaic virus（CerMV） （セラトビウムモザイクウイルス）	750×13	*Dendrobium*
〃	Clover yellow vein virus（ClYVV） （クローバー葉脈黄化ウイルス）	〃	*Calanthe*
〃	Cypripedium virus Y（CypVY） （シプリペジウムYウイルス）	774×13	*Cypripedium*
〃	Dendrobium mosaic virus（DeMV） （デンドロビウムモザイクウイルス）	750×13	*Dendrobium*
〃	Diuris virus Y（DiVY） （ディウリスYウイルス）	〃	*Diuris*
〃	Habenaria mosaic virus（HaMV） （サギソウモザイクウイルス）	〃	*Habenaria*
〃	Pleione virus Y（PlnVY） （プレイオネYウイルス）	〃	*Pleione*
〃	Pterostylis virus Y（PtVY） （プテロスティリスYウイルス）	〃	*Pterostylis*他別表2
〃	Rhopalanthe virus Y（RVY） （ロパランセYウイルス）	〃	*Dendorobium*
〃	Sarcochilus virus Y（SarVY） （サーコキラスYウイルス）	〃	*Sarcochilus*
〃	Spiranthes mosaic virus（SpiMV） （ネジバナモザイクウイルス）	〃	*Spiranthes*
〃	Turnip mosaic virus（TuMV） （カブモザイクウイルス）	〃	*Calanthe, Orchis*
〃	Vanilla mosaic virus（VanMV） （バニラモザイクウイルス）	765×13	*Vanilla*
〃	Watermelon mosaic virus 2（WMV-2） （カボチャモザイクウイルス）	750×13	*Habenaria, Vanilla*
Closterovirus	Dendrobium vien necrosis virus（DeVNV） （デンドロビウム花脈えそウイルス）	1865×10−12	*Dendrobium*

知られているウイルス

主な伝染方法	媒介者	発生の地理的分布
汁液，移植時の接触伝染，灌水，組織の残骸	—	世界各国
汁液，移植時の接触伝染，灌水，組織の残骸	—	アメリカ，韓国，*1) プエルトリコ
汁液，移植時の接触伝染，灌水，組織の残骸	センチュウ	ドイツ，*2)
汁液，移植時の接触伝染，灌水，組織の残骸	—	世界各国
汁液，移植時の接触伝染	—	日本
〃	アブラムシ	ハワイ，*3)
〃	〃	日本，アメリカ，ドイツ，韓国， オーストラリア
〃	〃	日本
〃	〃	オーストラリア
〃	〃	日本，オーストラリア，ドイツ
〃	〃	ドイツ
〃	〃	日本，韓国
〃	〃	オーストラリア
〃	〃	日本
〃	〃	オーストラリア
〃	〃	オーストラリア
〃	〃	オーストラリア
〃	〃	オーストラリア
〃	〃	韓国
〃	〃	日本，ドイツ，アメリカ
〃	〃	フランス領ポリネシア
〃	〃	日本，フランス領ポリネシア，トンガ
未報告	未報告	ドイツ，アメリカ

属	ウイルス名(略名)	粒子の大きさ(nm)	発生したラン
球状粒子		(径)	
Cucumovirus	Cucumber mosaic virus（CMV） （キュウリモザイクウイルス）	30	別表 2 参照
Carmovirus	Carnation mottle virus（CarMV） （カーネーション斑紋ウイルス）	28	〃
〃 ?	Cymbidium mild mosaic virus（CymMMV） （シンビジウム微斑モザイクウイルス）	〃	*Cymbidium*
Sobemovirus	Cymbidium chlorotic mosaic virus（CymCMV） （シュンラン退緑斑ウイルス）	〃	〃
Tombusvirus	Cymbidium ringspot virus（CymRSV） （シンビジウム輪点ウイルス）	30	〃
Nepovirus	Tomato ringspot virus（ToRSV） （トマト輪点ウイルス）	28	〃
短桿菌状（弾丸状）粒子			
(*Rhabdovirus*？)	Orchid fleck virus（OFV） （ランえそ斑紋ウイルス）	110－125×45－50	別表 2 参照
外膜有球状粒子		(径)	
Tospovirus	Tomato spotted wilt virus（TSWV） （トマト黄化えそウイルス）	85	〃
〃	Impatiens necrotic spot virus（INSV） （インパチェンスえそ斑点ウイルス）	〃	*Phalaenopsis*
〃	Pterostylis blotch virus（PtBV） （プテロスティリスえそ汚点ウイルス（仮称））		*Pterostylis*
未分類または未同定ウイルス			
ひも状粒子			
Potyvirus	Cymbidium potyvirus （シンビジウムポテトウイルス）	780×13	*Cymbidium*
未定	Aranthera filamentous virus （アランセラひも状ウイルス）	未報告	*Aranthera*
短桿菌状（bacilliform）および弾丸状（bullet shaped）粒子			
短小形粒子			
(Rhabdovirus？)	Short orchid rhabdovirus （短桿状ラブドウイルス）	(100－120×40－50nm の範囲を併せ纏める）	別表 2 参照
〃	Colmanara mosaic virus（ColMV） （コルマナラモザイクウイルス）	105－120×45	*Colmanara*
〃	Grammatophyllum bacilliform virus （グラマトフィラム桿菌状ウイルス）	長さに変異，幅40－42	*Grammatophyllum*
〃	Phalaenopsis bacilliform virus （ファレノプシス桿菌状ウイルス）	119×29	*Phalaenopsis*
長形粒子			
〃	Laelia red leafspot virus（LRLSV） （レリア赤色斑点ウイルス）	190－220×80	〃
〃	Dendrobium rhabdovirus （デンドロビウムラブドウイルス）	180，320×85	*Den. Phalaenopsis*
〃	Long orchid rhabdovirus （長桿状ラブドウイルス）	176×83	別表 2 参照

主な伝染方法	媒介者	発生の地理的分布
汁液，移植時の接触伝染	アブラムシ	日本，韓国，ブラジル
〃	未報告	日本
〃	〃	日本，韓国
〃	〃	日本
〃および土壌伝染	—	英国
〃およびセンチュウ	—	アメリカ，*4)
汁液（ただし寿命が短い）	オンシツヒメハダニ	世界各国
汁液，移植時の接触伝染	アザミウマ	アメリカ，*5)
〃	〃	アメリカ，*6)
〃	〃	オーストラリア
汁液，移植時の接触伝染	アブラムシ	韓国
未報告	未報告	インドネシア
汁液または未報告	未報告	日本，アメリカ，ブラジル，ドイツ，オーストラリア，デンマーク，台湾など
汁液	未報告	日本
未報告	未報告	アメリカ
未報告	未報告	ドイツ
未報告	未報告	ドイツ
未報告	未報告	ハワイ
未報告	未報告	ドイツ

属	ウイルス名(略名)	粒子の大きさ(nm)	発生したラン
球形粒子		(径)	
未定	Trichopilia isometric virus (トリコピリア球状ウイルス)	28	*Trichopilia*
未定	Masdevallia isometric virus (マスデバリア球状ウイルス)	未報告	*Masdevallia*

*1〜6：日本ではランに発生することが未確認であるが，ラン以外の植物には発生している。*1：BCMVはアズキ，インゲンマメ，ダイズ，レンゲなどに，*4：TomRSVはトマト，タバコ，モモ，アなどに発生したことが知られ，わが国に存在するウイルスである
ー：陰性，(？)：未分類で仮称

別　表

主な伝染方法	媒介者	発生の地理的分布
未報告	未報告	ドイツ
汁液未成功	未報告	コロンビア

TMVはタバコ，ピーマンなどに，＊2：TRVはタバコ，チューリップ，スイセンなどに，＊3：
ブドウなどに，＊5：TSWVはトマト，ダリア，タバコなどに，＊6：インパチェンス，シネラリ

別表2　ランに発生するウイルスと発病が知られたラン科植物

	ウイルス	発生が知られたラン（属）
☆	Bean common mosaic virus	*Dendrobium*
○	Bean yellow mosaic virus	*Calanthe, Masdevallia, Spiranthes, Diuris, Pterostylis*
○●	Calanthe mild mosaic virus	*Calanthe, Phalaenopsis*
○●	Calanthe mosaic virus	*Calanthe*
○●	Carnation mottle virus	*Cymbidium, Miltonia, Odontioda, Odontoglossum, Odontonia*
	Ceratobium mosaic virus	*Acriopsis, Appendicula, Beadlea, Bulbophyllum, Cattleya, Coelogyne, Dendrobium, Dendorochilus, Diplocaulobium, Eria, Eriopexis, Eulophia, Flickingeria, Grammatophyllum, Grastidium, Inobulbon, Oeceoclades, Paphiopedilum, Pedilonum, Phragmipedium*
○	Clover yellow vein virus	*Calanthe, Dactylorhiza*
○●	Colmanara mosaic virus	*Colmanara*
○	Cucumber mosaic virus	*Aerides, Calanthe, Dendrobium, Miltonia, Phaius, Phalaenopsis*
○●	Cymbidium chlorotic mosaic virus	*Cymbidium*（春蘭）
○	Cymbidium mild mosaic virus	*Cymbidium*
○	Cymbidium mosaic virus	*Aeridovanda, Aerides, Angraecum, Aporum, Arachnis, Arundina, Aranthera, Ascocenda, Bifrenaria, Brassavola, Bulbophyllum, Calanthe, Cattleya* 系*, *Coelogyne, Cymbidium*（各種東洋ランを含む）, *Dendrobium, Den. phalaenopsis, Dendrochilum, Doritaenopsis, Epidendrum, Eulophiella, Grammatophyllum, Grastidium, Inobulbon, Laelia, Liparis, Lycaste, Miltonia, Monanthos, Odontioda, Oeceoclades, Oncidium, Paphiopedilum, Pedilonum, Peristeria, Phaius, Phalaenopsis, Phragmipedium, Potinara, Renantanda, Renanthera, Renantherella, Rhynchostylis, Sarcanthopsis, Schomburgkia, Schombolaelia, Spathoglottis, Stenoglottis, Trichosma, Vanda, Vandopsis, Vanilla, Zygopetalum*
	Cymbidium ringspot virus	*Cymbidium*
○	Dendrobium mosaic virus	*Dendrobium*
	Dendrobium vein necrosis virus	*Den. Phalaenopsis*
	Diuris virus Y	*Diuris*
○●	Habenaria mosaic virus	*Habenaria*
☆	Impatiens necrotic spot virus	*Phalaenopsis*
○	Odontoglossum ringspot virus	*Achomburgkia, Aerides, Arachnis, Bifrenaria, Brassavola, Brassidium, Bulbophyllum, Calanthe, Cattleya*系*, *Coelogyne, Cymbidium*［各種東洋ラン（金砂も）を含む］, *Dendrobium, Den. Phalaenopsis, Diplocaulobium, Epidendrum, Grammatophyllum, Grastidium, Kefersteinea, Laelia,*

ウイルス	発生が知られたラン（属）
	Lycaste, Maxillaria, Miltonia, Odontoglossum, Oncidium, Phalaenopsis, Pleurothallis, Potinara, Rhynchophreatia, Vanda, Vanilla, Zygopetalum
○ Orchid fleck virus	*Acineta, Angulorea, Angraecum, Baptistonia, Bulbophyllum, Calanthe, Cattleya* 系*, *Cochleanthes, Cymbidium*（春蘭含む）, *Dendrobium, Diplocaulobium, Dockrillia, Flickingeria, Hamelwellsara, Hormidium, Liparis, Lycaste, Masdevallia, Maxillaria, Miltonia, Odontoglossum, Oncidium, Pescatorea, Phalaenopsis, Polstachya, Stanhopea, Stenia, Zygopetalum*
Pleione virus Y	*Pleione*
Pterostylis virus Y	*Pterostylis, Chiloglottis, Corybas, Diuris, Eriochilus*
Rhopalanthe virus Y	*Dendrobium*
Sarcochilus virus Y	*Sarcochilus*
Spiranthes mosaic virus	*Spiranthes*
☆ Tobacco mosaic virus-o	*Cattleya* 系, *Cymbidium, Phalaenopsis*
☆ Tobacco rattle virus	*Orchis*
☆ Tomato ringspot virus	*Cymbidium*
☆ Tomato spotted wilt virus	*Phalaenopsis, Oncidium*
○ Turnip mosaic virus	*Cymbidium, Calanthe, Orchis*
Vanilla mosaic virus	*Vanilla*
○ Watermelon mosaic virus 2	*Habenaria, Vanilla*
未同定ウイルス	
桿菌状または弾丸状粒子	
Short orchid rhabdovirus（100－120×40－50nm の範囲を併せ纏める）	*Auguloa, Brassia, Cattleya, Coelogyne, Cymbidium, Dendrobium, Den. Phalaenopsis, Doritis, Laeliocattleya, Miltonia, Odontoglossum, Oncidium, Phalaenopsis, Paphiopedilum, Pescatorea, Phragmipedium, Renanthera, Stanhopea, Vanda*
Long orchid rhabdovirus	*Cattleya, Epidendrum, Laelia, Paphiopedilum, Pharigmiped-*
外膜有球状	
Pterostylis blotch	*Pterostylis*
その他の未同定ウイルスは表に記載	

○：日本のランに発生，●：現在日本のランのみに発生，☆：日本ではランに発生が未確認であるが，ラン以外の植物に発生が知られている。未同定のShort orchid rhabdovirusの記載の中にはOrchid fleck virusであるものがあるかもしれないが，同定に値する報告がない

*：*Cattleya* 系には *Cattleya, Brassocattleya, Brassolaeliocattleya, Laeliocattleya, Sophrocattleya, Sophrolaeliocattleya* などの属が含まれる

別表3　ランに発生が知られている主なウイルスとその和名

ウイルス名	(略名)	和　名
Bean yellow mosaic virus	(BYMV)	インゲンマメ黄斑モザイクウイルス
Calanthe mild mosaic virus	(CalMMV)	エビネ微斑モザイクウイルス
Calanthe mosaic virus	(CalMV)	エビネモザイクウイルス
Carnation mottle virus	(CarMV)	カーネーション斑紋ウイルス
Clover yellow vein virus	(ClYVV)	クローバー葉脈黄化ウイルス
Colmanara mosaic virus	(ColMV)	コルマナラモザイクウイルス
Cucumber mosaic virus	(CMV)	キュウリモザイクウイルス
Cymbidium chlorotic mosaic virus	(CymCMV)	シュンラン退緑斑ウイルス
Cymbidium mild mosaic virus	(CymMMV)	シンビジウム微斑モザイクウイルス
Cymbidium mosaic virus	(CymMV)	シンビジウムモザイクウイルス
Dendrobium mosaic virus	(DeMV)	デンドロビウムモザイクウイルス
Habenaria mosaic virus	(HabMV)	サギソウモザイクウイルス
Odontoglossum ringspot virus	(ORSV)	オドントグロッサムリングスポットウイルス
Orchid fleck virus	(OFV)	ランえそ斑紋ウイルス
Turnip mosaic virus	(TuMV)	カブモザイクウイルス
Watermelon mosaic virus 2	(WMV-2)	カボチャモザイクウイルス
Bean common mosaic virus	(BCMV)	インゲンマメモザイクウイルス*
Ceratobium mosaic virus	(CerMV)	セラトビウムモザイクウイルス
Cymbidium ringspot virus	(CymRSV)	シンビジウム輪点ウイルス
Cypripedium virus Y	(CypVY)	シプリペジウムYウイルス
Dendrobium vein necrosis virus	(DVNV)	デンドロビウム葉脈えそウイルス
Impatiens necrotic spot virus	(INSV)	インパチェンスえそ斑紋ウイルス*
Laelia red leafspot virus	(LRLV)	レリア赤色斑点ウイルス
Spiranthes mosaic virus	(SpiMV)	ネジバナモザイクウイルス*
Tobacco mosaic virus	(TMV)	タバコモザイクウイルス*
Tobacco rattle virus	(TRV)	タバコ茎えそウイルス*
Tomato ringspot virus	(ToRSV)	トマト輪点ウイルス*
Tomato spotted wilt virus	(TSWV)	トマト黄化えそウイルス*
Vanilla mosaic virus	(VanMV)	バニラモザイクウイルス

上段のウイルスは日本のランに発生が確認され，下段は外国でランに発生が認められたもの。ただし*印ウイルスは日本に存在し，ラン以外に発生している

別表4 主なランと発生が知られているウイルスの種類

主なラン	ウイルス（略記号）
シンビジウム	CarMV, CymCMV, CymMMV, CymMV, CymRSV, ORSV, OFV, TMV-O, ToRSV, TuMV ,（短ラブド）
カトレヤ系	CerMV, CymMV, ORSV, OFV, TMV-O,（短ラブド，長ラブド）
デンドロビウム	CerMV, CMV, CymMV, DeMV, DeVNV, ORSV, OFV, RVY（短ラブド，長ラブド）
ファレノプシス	CalMV, CMV, CymMV, INSV, ORSV, OFV, TMV-O, TSWV,（短ラブド）
エビネ類	BYMV, CalMMV, CalMV, ClYVV, CMV, CymMV, ORSV, OFV, TuMV

略名のウイルスは別表1を参照のこと。（　）内は未同定

短ラブド＝短桿形ラブドウイルス，長ラブド＝長桿形ラブドウイルス

あとがき

いったんウイルス病に罹ると，農薬によって治療することができないので，ランのウイルス病の防除は本書に述べたようなきめの細かい栽培管理、および株分けや移植などの作業でウイルス予防に万全の注意をはらい，また実行しなくてはならない。これらの一つでも怠ると，ウイルス病が気がつかないうちに蔓延し，大きな被害を受けることになる。

私の経験では、ウイルス病の全くない株ばかりと思って自宅に持ち帰り栽培していたところ，４年目の春，１鉢の大きな株のシュートの新葉に退色斑が現われ，ORSVに感染していることが判明したことがある。これはランをわが家に搬入する前に自然感染し，４年以上の長い潜伏期間を経て発病したものと考えられた。このように，ランの場合発病までの期間が長いことがしばしばあるので，栽培管理の過程での人為的伝染の実感がわいてこないかもしれない。だからウイルス病はなくならないし，また怖いのである。

ウイルス病の予防対策はおろそかになりやすいが，治療ができず，大きな被害にあうことを考えるならば，あとで後悔しないように万全の予防に努め，これを怠ってはならないことをよく認識してほしいと思う。

ウイルス病についての知識をもち，本書で述べていること防除項目を確実に実行すればウイルス病は怖くない。

井上　成信

参 考 文 献

1) Ali, S., Lawson, R.H. and Ishii, M. 1974. A bacilliform virus in white-streaked *Dendrobium phalaenopsis* flowers. Amer. Orchid Soc. Bull. 43 : 529～533.

2) Chang, M.U. 1985. Studies on the infection of virus in orchids. (2) Spiranthes mosaic virus. J. Natural Sciences. 5 : 211～220.

3) Chang, M.U., Arai, K., Doi, Y., Yora, K. 1976. Morphology and intracellular appearance of orchid fleck virus. Ann.Phytopathol.Soc.Jpn.42 : 156～167.

4) Chang, M.U., Doi, Y., and Yora, K. 1978. Isolation of cymbidium mild mosaic virus. Korean J. Pl. Prot. 17 : 131～138.

5) Chang, M.U., Chun, H.H., Baek, D.H. and Chung, J.D. 1991. Studies on the viruses on orchids in Korea. 1. Bean yellow mosaic virus, cucumber mosaic virus, cymbidium mild mosaic virus and cymbidium mosaic virus. Korean J. Pl. Pathol. 7(2) : 108～117.

6) Chang, M.U., Chun, H.H., Baek, D.H. and Chung, J.D. 1991. Studies on the viruses on orchids in Korea. 2. Dendrobium mosaic virus, odontoglossum ringspot virus, orchid fleck virus and unifentified potyvirus. Korean J. Pl. Pathol. 7(2) : 118～129.

7) Christie, R.G. and Edwardson, J.R. 1977. Light and electron microscopy of plant virus inclusions. Fla. Agric. Exp. Sta. Monogr. Ser. 9 : 1～155

8) Christie, R.G. and Edwardson, J.R. 1986. Light microscpic techniques for detection and detection of plant virus inclusions. Plant Dis. 70 : 273～279.

9) Christie, R.G., Ko, N.-J. and Zettler, F.W. 1986. Light microscopic techniques for diagnosis of orchid virus diseases. Amer.Orchid Soc.Bull.55 : 996～1007.

10) Corbett, M.K. 1959. Chlorotic ringspot of *Vanda* orchid caused by cymbidium mosaic virus. Proceeding Florida St. Hortic. Soc. 72 : 398～403.

11) Corbett, M.K. 1967. Some distinguishing characteristics of the orchid strain of tobacco mosaic virus. Phytopathology 57 : 164～172.

12) Corbett, M.K. 1974. Intranuclear bacilliform virus-like particles in *Grammatophyllum scriptum*. Phytopathology(Abstr). Potomac Div. Meeting of Amer. Phytopathol. Soc. March 28～29.

13) Edwardson, J.R.and Christie, R.G. 1978. Use of virus induced inclusions in classification and diagnosis. Ann. Rev. Phytopathol. 16 : 31～55.

14) Edwardson, J.R., Christie, R.G. and Ko, N.J. 1984. Potyvirus cylindrical inclusions-Subdivision IV. Phytopathology 74 : 1111～1114.

15) Edwardson, J.R. and Christie,R.G. 1996. Cylindrical inclusions. Flo.Agric. Exp. Stn. Tech. Bull. 89: 79pp.

16) Francki, R.I.B. 1970. Cymbidium mosaic virus. CMI/AAB. Descriptions of Pl. Viruses. No.27.

17) Gara, I W., Kondo, H., Maeda, T., Mitsuhata, K. and Inouye, N. 1996. Further characterization of cymbidium mosaic virus from *Vanda* orchids. Bull. Res. Inst. Bioresour. Okayama Univ. 4 : 163～174.

18) Gara, I W., Kondo, H., Maeda, T., Inouye, N. and Tamada, T. 1997. Stunt disease of *Habenaria radiata* caused by a strain of watermelon mosaic virus 2. Ann. Phytopathol. Soc Jpn. 63 : 113～117.

19) Gara, I W., Kondo, H., Maeda, T., Inouye, N. and Tamada, T. 1998. Calanthe mild mosaic virus, a new potyvirus causing a mild mosaic disease of *Calanthe* orchid in Japan. J. Phytopathology 146 : 357～363.

20) Gibbs, A., Mackenzie, A., Blanchfield, A., Cross, P., Wilson, C., Kitajima, E., Nightingale, M. and Clements, M. 2000. Viruses of orchids in Australia; their identification, biology and control. Australian Orchid Review. 65 (3) : 10～21.

21) Goff, L.M. and Corbett, M. K. 1877. Association of tomato ringspot virus with a chlorotic leaf streak of *Cymbidium* orchids. Phytopathology 67: 1096～1100.

22) Gold, A.H. and Jensen, D.D. 1951. An electron microsope study of cumbidium mosaic virus. Amer. Jour. Bot. 38 : 577～578.

23) Hamilton, R.I. and Valentine, B. 1984. Infection of orchid pollen by odontoglossum ringspot and cymbidium mosaic viruses. Canadian J. Pl. Pathol. 6 : 185～190.

24) Hammond, J. and Lawson, R.H. 1988. A strain of bean yellow mosaic virus is aphid-transmitted from orchid. Acta Hortic. 234 : 365～370.

25) Hollings, M., Stone, O.M. and Barton, R.J. 1977. Pathology, soil transmission and characterization of cymbidium ringspot, a virus from *Cymbidium* orchids and white

clover (*Trifolium repens*). Ann. appl. Biol. 85 : 233～248.

26) Hollings, M., Stone, O.M. 1977. Cymbidium ringspot virus. CMI/AAB. Descriptions of Plant Viruses, No.178.

27) Hu, J.S., Wang, M., Ferreira, S. and Ogata, D. 1992. Tomato spotted wilt virus on *Oncidium* orchids in Hawaii. Plant Dis. 76 : 426(Abstr).

28) Hu, J.S., Ferreria, S., Wang, M. and Xu,M.Q. 1993. Detection of cymbidium mosaic virus, odontoglossum ringspot virus, tomato spotted wilt virus, and potyiruses infecting orchids in Hawaii. Plant Dis. 77 : 464～468.

29) Hu, J.S., Ferreria, S., Wang, M., Borth, W.B., Mink, G. and Jordan, R. 1995. Purification, host range, serology and partial sequencing of dendrobium mosaic potyvirus, a new member of the bean common mosaic virus subgroup. Phytopathology 85 : 542～546.

30) Ikegami, M. and Inouye, N. 1996. Genomic organization of odontoglossum ringspot virus (Cy-1 strain) RNA and comparison with that of Korean strain. Bull. Res. Inst. Bioresour. Okayama Univ. 4 : 137～147.

31) Ikegami, M., Isomura, Y. Maeda, T. and Inouye, N. 1995. The nucleotide sequence of the 3' terminal region of clover yellow vein Potyvirus isolated from *Calanthe* sp. J. Phytopathol. 143: 385～390.

32) Ikegami, M., Isomura, Y., Matsumoto, Y., Chatani, M. and Inouye, N. 1995. The complete nucleotide sequence of odontoglossum ringspot virus (Cy-1 strain) genomic RNA. Microbiol. Immunol. 39 : 995～1001.

33) 井上成信 1964. ランのウイルス病について (I). Cymbidium に発生するウイルス病.日本蘭協会誌 10 : 6～10.

34) 井上成信 1965. ランのウイルス病について (II). Cymbidium に発生するウイルス病. 日本蘭協会誌 11 : 1～6.

35) Inouye, N. 1966. A virus disease of *Cymbidium* caused by odontoglossum ringspot virus. Ber. Ohara Inst. landw. Biol. Okayama Univ. 13: 149～159.

36) 井上成信 1966.ランのウイルス病について (III). *Cattleya* に発生するウイルス病. 日本蘭協会誌 12 : 2～5.

37) Inouye, N. 1968. Virus disease of *Cymbidium* and *Cattleya* caused by cymbidium mosaic virus. Ber. O hara Inst. landw. Biol. Okayama Univ. 14: 161～170.

38) 井上成信 1968. Cymbidium mosaic virus および odontoglossum ringspot virus の伝搬に関する２，３の実験. 農学研究 52: 89～97.

39) 井上成信 1968. ランのウイルス病について. 植物防疫 22 : 427～431. Plate-1.

40) 井上成信 1969. *Dendrobium* から分離された cucumber mosaic virus. 農学研究 53 : 49～60.

41) 井上成信 1971. ランのウイルス病について (V), *Dendrobium* に発生するウイルス病 日本蘭協会誌 17 : 3～7.

42) 井上成信 1972. *Cattleya* 系の花のえそ症状株から分離されたウイルス. 農学研究 54: 71～78.

43) Inouye, N. 1976. Dendrobium mosaic virus. Ber. Ohara Inst. landw. Biol. Okayama Univ. 16 : 165～174.

44) 井上成信 1977. 抗血清を利用した cymbidium mosaic virus および odontoglossum ringspot virus の診断法. 農学研究 56 : 1～13.

45) 井上成信・前田孚憲・光畑興二 1982. エビネから分離された cucumber mosaic virus. 農学研究 60 : 1～11.

46) 井上成信 1983. *Cymbidium* から分離された odontoglossum ringspot virus の１系統の性質. 農学研究 60 : 53～67.

47) 井上成信・呂理燊 1983. 台湾のラン科植物におけるウイルス病の発生調査. 農学研究 60 : 91～110.

48) 井上成信 1984. 生長点組織培養によるウイルス罹病 *Cymbidium* の無毒化と抗血清処理の効果. 農学研究 60 : 123～133.

49) Inouye, N., Maeda, T. and Mitsuhata, K. 1988. A strain of clover yellow vein virus isolated from *Calanthe* sp. Acta Hortic. 234 : 61～68.

50) 井上成信 1990. ランの病害. 植物防疫 44 : 177～181. グラビア１.

51) Inouye, N. 1996. Detection and identification of viruses of Orchids in Indonesia. Bull. Res. Inst. Bioresour. Okayama Univ. 4 : 109～118.

52) 井上成信・前田孚憲・光畑興二・Gara, I.W. 1998. サギソウ(*Habenaria radiata*)から検出された新ひも状ウイルスhabenaria mosaic Potyvirus. 岡大資生研報. 5 : 155～168.

53) 井上成信・松本純一・前田孚憲・光畑興二・近藤秀樹・田原望武 1996. エビネ類に発生する黄色斑紋モザイク病の病原，orchid fleck virusについて. 岡大資生研報. 4:

119～135.

54) Izadpanah, K., Thompson, M.R. and Thornberry, H.H. 1966. A simple methods for detection of a flexuous-rod virus associated with infectous Cattleya blossom mosaic virus. Pl. Dis Reptr. 50 : 779～781.

55) Izadpanah, K., Thompson, M.R. and Thornberry, H.H. 1968. Orchid virus : Characterization of a type of tobacco mosaic virus isolated from *Cattleya* plants with infectious blossom necrosis. Phytopathol. Z. 63 : 272～286.

56) Jensen, D.D. 1949. Breaking of *Cattleya* orchid flowers by orchid mosaic virus and its transmission by aphids. Phytopathology 39 : 1056～1059.

57) Jensen, D.D. 1950. Mosaic of *Cymbidium* orchids. Phytopathology 40 : 966～967.

58) Jensen, D.D. 1951. Mosaic or black streak disease of *Cymbidium* orchids. Phytopathology 41 : 401～414.

59) Jensen, D.D. 1952. Virus diseases of orchids; symptoms, spread, host range, distribution,and control practices determined by experimental transmissions. California Agric. 6(1) : 3 & 15.

60) Jensen, D.D. 1952. Virus diseases of orchids; transmission of the virus and observation of leaf and other symptoms reveal rare diseases in California. California Agric. 6(2) : 7 & 15, 16.

61) Jensen, D.D. 1953. Virus diseases of *Cymbidium*. Amer. Orchid Soc. Bull. 22: 800～804.

62) Jensen, D.D. 1955. Orchid disorders, with special reference to virus diseases. Amer. Orchid Soc. Bull. 24 : 756～766.

63) Jensen, D.D. 1959. Virus diseases of orchids. Pages 431～458 in The Orchids (Ed. by C.L. Withner). The Ronald Press Company.

64) Jensen, D.D. and Gold, A.H. 1951. A virus ringspot of *Odontoglossum* orchid : symptoms, transmission, and electron microscopy. Phytopathology 41: 648～653.

65) Jensen, D.D. and Gold, A.H. 1955. Hosts, transmission and electron microscopy of cymbidium mosaic virus with special reference to *Cattleya* leaf necrosis. Phytopathology 45 : 327～334.

66) Kado, C.I. and Jensen, D.D. 1964. Cymbidium mosaic virus in *Phalaenopsis*.

Phytopathology 54 : 974～977.
67) Kado,C. 1964. Viruses, villains of orchid disorders. Amer.Orchid Soc.Bull.44: 943～948.
68) Kado, C.I., van Regenmortel, M.H.V. and Knight, C.A. 1968. Studies on some strains of tobacco mosaic virus in orchids. I. Biological, chemical and serological studies. Virology 34 : 17～24.
69) Kim, J.D., Koo,Y.B. and Chang, M.U. 1998. Genome characterization of a Korean isolate of cymbidium mosaic virus. Mol. Cells. 8(2): 181～188.
70) Kitajima, E.W., Blumenschein, A. and Costa, A.S. 1974. Red-like particles associated with ringspot symptoms in several orchid species in Brazil. Phytopathol. Z. 81: 280～286.
71) Ko, N.-J., Zettler, F.W. and Wisler, G.C. 1985. A simplified bioassay technique for cymbidium mosaic and odontoglossum ringspot viruses. Amer. Orchid Soc. Bull. 54 : 1080～1082.
72) 近藤秀樹・前田孚憲・井上成信 (1992). 東洋ラン *Cymbidium*属植物から分離された odontoglossum ringspot Tobamovirus (ORSV) について. 岡大資生研報. 1 : 21～34.
73) 近藤秀樹・松本純一・前田孚憲・井上成信 (1975). 東洋ラン (*Cymbidium* sp.)から分離された orchid fleck virus の性状について. 岡大資生研報. 3 : 151～161.
74) 近藤秀樹・前田孚憲・光畑興二・井上成信 1996. 東洋ランに発生するウイルスの検索・同定. 岡大資生研報. 4 : 149～162.
75) Lawson, R.H. 1967. Chemical inactivation of cymbidium mosaic and odontoglossum ringspot viruses. Amer. Orchid Soc. Bull.36 : 998～1001.
76) Lawson, R.H. 1970. Flower necrosis in *Cattleya* orchids. Amer. Orchid Soc. Bull.39 : 306～312.
77) Lawson, R.H. 1970. Etiology of flower necrosis in *Cattleya* orchids. Phytopathology 60 : 36～40.
78) Lawson, R.H. 1995. Viruses and their control. Pages 74～104 in Orchid Pests and Diseases. Amer. Orchid Soc. Revised Edition.
79) Lawson, R.H. and Brannigan, M. 1986. Virus diseases of orchids. Pages 2～49 in Handbook of orchid pestds and diseases. Amer. Orchi Soc., West Palm Beach, Florida
80) Lawson, R.H. and Hsu, H.T. 1995. Orchid. Pages 409～420 in Virus and virus-like diseases of bulb and flower crops. Ed. by Loebenstein, G.,Lawson, R.H. and Brunt, A.A.,

Abudalo Press, Jerusalem. U.K.

81) Lesemann,D. and Doraiswamy,S. 1975. Bullet-shaped virus-like particles in chlorotic and necrotic leaf-lesions of orchids. Phytopathol. Z. 83: 27～39.

82) Lesemann, D.-E. 1977. Long, filamentous virus-like particles associated with vein necrosis of *Dendrobium phalaenopsis*. Phytopathol. Z. 89 : 330～339.

83) Lesemann, D. and Begtrup, J. 1971. Elektronenmikroskopischer nachweis eines bazilliformen virus in *Phalaenopsis*. Phytopathol. Z. 71 : 257～269.

84) Leseman, D.-E. and Koenig, R. 1985. Identification of bean yellow mosaic virus in *Masdevallia*. Acta Hortic. 164 : 347～354.

85) Leseman, D.-E. and Vetten, H.J. 1985. The occurrence of tobacco rattle and turnip mosaic viruses in *Orchis* ssp., and of an unidentified potyvirus in *Cypripedium calceolus*. Acta Hortic. 164: 45～54.

86) Magee, C.J. 1943. Orchid mosaic. Australian Orchid Review. 8(4), 51～52.

87) 松本純一・前田孚憲・井上成信 1995. エビネ(*Calanthe* sp.)から分離された odontoglossum ringspot virus. 岡大資生研報. 3 : 163～174.

88) Matumoto, J., Maeda, T., Inouye, N. 1999. Some properties of bean yellow mosaic virus isolated from *Calanthe* sp.(*Orchidaceae*) in Japan. Bull. Res. Inst. Bioresour. Okayama Univ. 6 : 43～51.

89) 松本純一・占部慎二・前田孚憲・光畑興二・近藤秀樹・田原望武・井上成信 1996. エビネ（*Calanthe* spp.）から分離されたcymbidium mosaic virus. 岡大資生研報. 4 : 187～199.

90) Mayhew, D.E., Cook, A.L. and Raabe, R.D. 1992. A new virus is reported for *Phalaenopsis*. Amer. Orchid Soc. Bull. 61 : 574～577.

91) Morel, G.M. 1960.Producung virus-free *Cymbidiums*. Amer. Orchid Soc. Bull. 29 : 495～497.

92) Mori,I. and Inouye, N. 1977. Interaction effect of gamma rays and thermal neutrons on the inactivation of odontoglossum ringspot virus isolated from orchids. Annual reports of the Res. Reactor Inst. Kyoto Univ. 10 : 54～61.

93) Murakishi, H.H. 1952. Diamond spot, a new disease of *Spathoglottis* orchids. Pacific Orchid Soc. Hawaii Bull. 10 : 14～16.

94) Murakishi, H.H. 1952a. Transmission of a leaf mosaic associated with color break in the flowers of *Dendrobium supperbum* Reichb.f. Phytopathology 42 : 339～340.

95) Murakishi, H.H. 1954. *Spathoglottis*, a good indicator plant for orchid viruses. Pacific Orchid Soc. Hawaii Bull. 12 : 20～22.

96) Murakishi, H.H. 1958. Host range, symptomatology, physical properties, and cross-protection studies of orchid virus isolates. Phytopathology 48 : 132～137.

97) 中山喜一・石川成寿・久地井恵美 1991. *Coelogyne pandurata*のモザイク株から分離されたシンビジウムモザイクウイルス.関東東山病虫研年報. 38 : 125～126.

98) Namba, R. and Ishii, M. 1971. Failure of aphids to transmit the ORSV and CMV to orchid plantlets derived from meristem culture. Phytopathology 61 : 582～583.

99) Newton, N. and Rosberg, D.W. 1952. Electron-microscope studies of a new orchid virus complex. Phytopathology. 42 : 79～82.

100) Nobrega, N.R. 1947. Uma doenca de virus em orquidea. O Biologico 13 : 62. Plate 1.

101) Paul, H.L. 1975. Odontoglossum ringspot virus. CMI/AAB. Descriptions of Plant Viruses. No. 155.

102) Paul,H.L., Wetter,C., Wittmann,H.G. and Brandes,J. 1965. Untersuchungen am odontoglossum ringspot virus, einem verwandten des tobakmosaik-virus. Z.Vererbungsl. 97: 186～203.

103) Pérez, J.E., Adsuar, J. and Sala, O. 1956. Tobacco mosaic virus in orchids in Puerto Rico. Phytopathology. 46 : 650～654.

104) Pérez,J.E. and Cortés-Monllor,A. 1960. Survey for the presence of tobacco mosaic. *Cymbidium* mosaic, and other viruses in orchids. J. Agr. Univ. Puerto Rico. 44: 138～149.

105) Pearson, M.N., Brunt, A.A. and Pone, S.P. 1990. Some hosts and properties of a potyvirus infecting *Vanilla fragrans*（*Orchidaceae*）in the Kingdom of Tonga. J . Phytopathol. 128 : 46～54.

106) Pearson, M.N., Jackson, G.V.H., Pone, S.P. and Howitt, R.L.J. 1993. Vanilla viruses in the South Pacific. Plant Pathol. 42 : 127～131.

107) Peters, K.R. 1977. Orchid viruses: a new rhabdovirus in *Laelia* red leafspots. J. Ultrastruct. Res. 58 : 166～171.

108) Petzold, H. 1971. Der elektronenmikroskopische nachweis eines bazilliformen virus an blattfleckenkranken Dendrobien. Phytopathol. Z. 70 : 43～52.

109) van Regenmortel, M.H.V.,Hahn, J.S. and Fowle, L.G. 1964. Internal calibration of electron micrographs with an orchid virus. S. Afr. J. Agric. Sci. 7: 159～164.

110) Thornberry, H.H. and Philippe, M.R. 1964. Orchid disease: Cattleya blossom brown necrotic streak. Pl. Dis. Reptr. 48 : 936～940.

111) Wang, Y.Y. and Pearson, M.N. 1992. Some characteristics of potyvirus isolates from *Vanilla tahitensis* in French Polynesia and the Cook island. J. Phytopathol. 135 : 71～76.

112) Wang, Y.Y., Beck, D.L., Gardner, R.C. and Pearson, M.N. 1993. Nucleotide sequence, serology and symptomatology suggest that *Uanilla* necrosis potyvirus is a strain of water melon mosaic virus II.Arch Virol. 129 : 93～103.

113) White, N.H.and Goodchild, D.J. 1955. Mosaic or black streak disease of *Cymbidium* and other orchid hybrids. Jour. Austra. Inst. Agric. Sci. 21 : 36～37.

114) Wisler, G.C., Zettler, F.W. and Mu, L. 1987. Viruses infecting *Vanilla* in French Polynesia. Amer. Orchid Soc. Bull. 56 : 381～387.

115) Wisler, G.C., Zettler, F.W. and Mu, L. 1987. Virus infections of *Vanilla* and other orchids in French Polynesia. Plant Dis. 71 : 1125～1129.

116) Wisler, G.C., Zettler, F.W. and Sheehan, T.J. 1983. A diagnostic technique developed for orchid growers to detect cymbium mosaic and odontoglossum ringspot viruses. Amer. Orchid Soc. Bull. 52 : 255～161.

117) 山本孝猪・石井正義. 1981. エビネ (*Calanthe discolor* Lind) に発生したモザイク病. 四国植物防疫研究 16 : 75～79.

118) 与那覇哲義・花城良広・田盛正雄. 1975. 沖縄で見出されたcymbidium mosaic virusについて. 琉球大農学部学報. 22 : 131～138.

119) Yuen, C.K.K.H., Kamemoto, H. and Ishii, M. 1979. Transmission of cymbidium mosaic virus through seed propagation in *Dendrobium*. Amer. Orchid Soc. Bull. 48 : 1245～1247.

120) Zaitlin, M.,Schechtman, A.M., Bald, J.G. and Wildman, S.G. 1954. Detection of virus in *Cattleya* orchids by serological methods. Phytopathology 44 : 314～318.

121) Zettler, F.W., Wisler, G.C., Elliott, M.S., Ko,N.-J.and Logan, A.E. 1984. Some basics and a perspective for orchid growers. Amer. Orchi Soc. Bull. 53 : 505～511.

122) Zettler, F.W., Wisler, G.C., Elliott, M.S.and Ko,N.-J. 1987. Some new, potentially significant viruses of orchids and their probable means of transmission. Amer. Orchid Soc. Bull. 56 : 1045～1051.

著者略歴

井上　成信（いのうえ　なりのぶ）

1929年　広島県に生まれる。

1951年　岐阜農林専門学校卒業（現岐阜大学農学部）。岡山大学農業生物研究所助手，助教授を経て，1985年教授。

1988年　岡山大学資源生物科学研究所（同上改組）教授。

1995年　停年退官。岡山大学名誉教授。

1962年　東北大学より農学博士を授与。

平成７年度，日本植物病理学会関西部会部会長。

日本植物病理学会賞受賞。第50回山陽新聞賞（学術功労）受賞

主な海外出張

1978年4～10月　オランダ国立植物保護学研究所(IPO)招聘客員研究員

1982年3～5月　台湾国立植物保護学研究中心招聘客員研究員

1984年4～7月　カナダ国アルバータ大学植物ウイルス学教室客員教授

原色　ランのウイルス病

―診断・検定・防除―

2001年３月20日　第１刷発行

著者　井　上　成　信

発 行 所　社団法人　農 山 漁 村 文 化 協 会

郵便番号　107-8668　東京都港区赤坂７丁目6―1

電話　03(3585)1141(営業)　03(3585)1145(編集)

FAX　03(3589)1387　振替　00120-3-144478

URL http://www.ruralnet.or.jp/

ISBN4-540-00218-X　製作／(株)新制作社

〈検印廃止〉　印刷／(株)新協

製本／(株)石津製本所

Printed in Japan　定価はカバーに表示

乱丁・落丁本はお取り替えいたします。